Zu diesem Buch:

In Sekundenschnelle jagen im Internet Musikclips, Modeartikel und Nachrichten über den Globus. Was gerade in New York angesagt ist, finden wir zeitgleich in Kinshasa oder in der mongolischen Steppe. Virtuell sind längst alle kulturellen Grenzen aufgehoben. Aber leben wir auch schon auf Augenhöhe mit anderen Kulturen? Nein. In unseren Köpfen spuken noch immer Klischees und Vorurteile, die aus unserer imperialen Vergangenheit stammen. Damit unsere interkulturellen Kontakte endlich glücken, müssen wir diese Last erkennen und über Bord schmeißen. Dazu lädt Sie dieses Buch ein.

Es kann nur dann einen Fortschritt in der Akzeptanz und Toleranz gegenüber anderskulturellen Menschen geben, wenn wir begreifen, wie relativ der Wahrheitsgehalt unserer eigenen Vorstellungen ist.

Carmen Ghazzali, geboren in München, studierte Ethnologie, Vorderasiatische Archäologie und Germanistik und war viele Jahre in der interkulturellen Kinder- und Jugendarbeit tätig. Derzeit widmet sie sich kunstethnologischen Themen und schreibt an einem Kriminalroman.

Carmen Ghazzali

Interkulturelle Kompetenz - (k)eine Kunst

Warum wir unser koloniales Erbe endlich überwinden müssen

Originalausgabe
Veröffentlicht bei BoD – Books on Demand
Copyright @ by Carmen Ghazzali
Printed in Germany
Herstellung und Verlag:
BoD – Books on Demand, Norderstedt
ISBN 978-3-7322-3072-3

Inhalt

Einleitung   7

500 Jahre Spekulationen über den Naturzustand des Menschen

Wie alles anfing: Das Bordbuch des Kolumbus   14

Warum Hobbes noch heute aktuell ist   20

Rousseaus edler Wilde   30

Alter Wein in neuen Schläuchen   34

Jean Liedloffs Traum von den glückseligen Yequana   38

Was ist so reizvoll an kolonialer Literatur?   43

Exkurs: Wie die Weltkriege unsere Perspektive auf den tribalen Krieg und die „Wilden" veränderten   47

Wie man aus Menschen Wilde macht

Michael Leahys horriblen Eindrücke aus dem Wagi-Tal   57

Georg Vicedom und der Ekel der Mbowamb vor Kannibalismus   81

Marvin Meggitts Mae Enga oder von der Knappheit der Frauen   107

Robert Dentan erfindet *sein* Hippievolk   117

Der kulturell Fremde als Mängelwesen
– unter Sozialpädagogen   132

Schlusswort   147

Anmerkungen   151

Literatur   155

Bildhinweis   164

Einleitung

Die kulturellen Werte, die uns unsere Eltern vermittelt haben, sind unser Kompass, mit dem wir durch die Welt wandern. Ohne dieses Messgerät fühlen wir uns nackt und orientierungslos. Daher reagieren wir sehr oft mit Abwehr, Vorurteilen und Spott, sobald uns Menschen aus anderen Kulturen entgegentreten. Verständnislos schütteln wir die Köpfe über Frauen, die einen Tschador tragen, und finden Menschen aus Laos, die „noch" an Geister glauben, schrecklich rückständig, während die chirurgieaffinen und „exhibitionistischen" Ladyboys aus Thailand eindeutig ein Fall für die „Klapse" sind.

Wir spotten und werten anderskulturelle Lebensweisen ab, weil sie unser eigenes Normensystem provozieren und unsere Koordinaten, nach denen wir unser Leben ausrichten, infrage stellen.

Oder umgekehrt: Wir empfinden das Fremde als besser, weil wir mit der eigenen Kultur hadern. Weil wir in unserem Koordinatensystem nie heimisch geworden sind. Nie unsere Nische gefunden haben. Leichtfertig und blauäugig schwärmen wir dann in die fremde Kultur aus, sozialisieren uns in dieser und halten sie der eigenen als Vorbild hin.

Wie auch immer, in beiden Fällen betrachten wir die fremde Welt von der eigenen kulturellen Warte aus. Messen die fremde Kultur am uns Bekannten. Ziehen unsachgemäße Vergleiche und verkennen daher das Fremde. Wie in allen menschlichen Beziehungen ist das Verkennen des Anderen jedoch immer das Einfallstor für Missverständnisse und Spannungen.

Davon konnte bereits Christoph Kolumbus ein Lied singen. Die Begegnung seiner spanischen Landsleute mit den alten Völkern Amerikas war geprägt von Missverständnissen, die eine Serie von Kriegen nach sich zogen. Christoph Kolumbus legte die eigene spanische Gesellschaft als Maßstab an die indigene Bevölkerung Amerikas an und verglich die alten Völker Amerikas auch noch untereinander. Das ist, als lege man als Wertmaßstab den menschlichen Geschmack an Gänse-, Wachtel- und Krokodileier an, ohne das jeweils Spezifische, nämlich den unterschiedlichen Nutzen der Eier für den Fortbestand der eigenen Gattung (des Lebens schlechthin), zu erkennen. Die Wachteleier würden wir also als besonders delikat beschreiben, die Krokodileier hingegen schon alleine wegen ihrer Frucht als ekelhaft und „dämonisch". Ähnliche Kategorien stülpte Kolumbus auch den alten Völkern Amerikas über. Die Kariben beschrieb er beispielsweise als böse, primitiv und kriegerisch, die Arawak hingegen als glückselig und edel.

Diese Zuschreibungen hatten – auch wenn das nicht so bekannt ist – eine große Wirkung auf die europäische Geistesgeschichte, insbesondere auf die Art und Weise, wie wir heute noch Menschen aus anderen Kulturen betrachten.
Sobald wir mit anderen Kulturen konfrontiert werden, stellt sich für uns das Problem, das Fremde ins Eigene zu integrieren. Ohne es zu ahnen, wenden wir die Lösung an, für die sich schon Kolumbus entschieden hat: Wir verteufeln die fremde Kultur oder wir loben sie in den Himmel. Der kulturell Fremde ist für uns entweder ein böser und primitiver Wilde, ein kriegslüsterner und de-

mokratiefeindlicher Terrorist oder ein Idealmensch, der unsere geheimen Dolce-Vita-Träume auszuleben scheint.

Egal für welche Option wir uns entscheiden, wir haben die kulturell fremden Menschen nicht als eigenständige Individuen wahrgenommen, sondern stereotypisiert. Man könnte auch sagen: zweckentfremdet. Und dafür gibt es gute Gründe! Von diesen Gründen und der Art und Weise, wie wir aus fremden Menschen Wilde machen und damit unsere Chancen auf einen bereichernden Kulturkontakt zerstören, handelt dieses Buch.

Unüberflügelbare Meister darin, Menschen anderer Kulturen „zweckzuentfremden", waren nach Kolumbus & Co. die Kolonisatoren, Missionare und wissenschaftlichen Karrieristen des letzten Jahrhunderts. Sie wendeten alle möglichen Tricks an, um aus kulturell fremden Menschen Wilde zu machen. In ihren Berichten über andere Kulturen wimmelt es nur so von primitiven Bestien und edlen Engeln. Welchen Stereotyp sie wählten, hing von den eigenen kolonialen Zielen ab.

Blöd nur: Die ausgefeilten und schwer durchschaubaren Fremdstereotype, die sich in kolonialen Verhältnissen herausbildeten, wenden wir noch heute an. Um aus kulturell fremden Menschen Wilde zu machen, greifen wir auf den imperialen Erfahrungsschatz der Vergangenheit zurück. Auch viele Bestseller der letzten Jahre sind ein Gradmesser dafür, wie sehr wir diese Fremdstereotype noch lieben. Nicht nur, dass Jean Liedloffs Buch über die Kindererziehung bei den glückseligen Yequana noch immer aufgelegt wird, sondern auch die fulminanten Verkaufszahlen von Corinne Hofmanns *Die weiße Massai* oder Thilo Sarrazins *Deutschland schafft sich ab* verraten unseren „kolonialen" Hang.

Damit Sie die falschen „Schätze" aus dieser Mottenkiste in Zukunft erkennen, entführe ich Sie in vier Fallbeispielen auf die tropische Insel Papua-Neuguinea und in den Regenwald West-Malaysias. An diesen Negativbeispielen lässt sich am besten lernen, wie man interkulturelle Kontakte so gestaltet, dass sie von vornherein zum Scheitern verurteilt sind.

Das erste Beispiel aus kolonialer Zeit ist jenes des australischen Goldsuchers Michael Leahy, der zwischen 1930 und 1935 auf seiner Suche nach einer geheimnisvollen Goldquelle das Inselinnere Papua-Neuguineas durchkämmte. In dem als menschenleer gedachten Wagi-Tal stieß er zu seiner Verblüffung fast täglich auf bisher „unentdeckte" Menschen. Auch sie hatten davor noch keinen Europäer gesehen und glaubten, Leahy sei einer ihrer Urahnen, der auf die Erde zurückgekehrt war. Diese Annahme verlieh dem Goldsucher zunächst einen Sonderstatus. Doch dieser, von Goldgier und kolonialem Entdeckungseifer getrieben, schreckte, wie wir heute wissen, auch vor Mord nicht zurück. In seinem Reisebericht *Exploration into Highland of New Guinea 1930-1935* schildert er jedoch die indigene Bevölkerung als raffgierig und kriegerisch. Wie wir heute wissen, um seine eigene Raubmotivation zu verschleiern.

Ganz anders hingegen äußert sich der Missionar Georg Vicedom. Als verspielt und vergnüglich stellt er die Kriegspraktiken der Mbowamb, bei denen sich auch Leahy aufgehalten hatte, in seinem dreibändigen Mammutwerk aus dem Jahr 1948 dar. Er verharmlost ihre Schlachten und Guerillataktiken als fröhliches Sportereignis. Inmitten einer paradiesischen Zauberlandschaft hat er seine edlen Wilden gefunden. Er berichtet zwar auch, dass die Mbowamb die Körper von Kriegsgefangenen auch schon mal geviertelt in den Fluss werfen würden, verklärt sie aber dennoch als uns weit überlegene, paradiesische Kreaturen. Was diese widersprüchliche Stereotypisierung mit seinem Missionarsjob und der Idee vom „Heiden" zu tun hat, wird sich noch zeigen.

Der Ethnologe Marvin Meggitt hielt sich ein knappes Jahrzehnt später bei den Mae Enga westlich vom Hagengebirge auf. Er war weder auf der Suche nach Gold noch nach „Heiden", sondern auf der Suche nach Menschen, an denen er eine seinerzeit gerade in aller akademischen Munde befindliche kulturökologische Kriegsthese illustrieren konnte. Er beschreibt die Mae Enga in seiner viele Jahre später erschienenen Ethnografie *Blood is their argument* (1977) als blutrünstige Killer auf viel zu engem Land, um zu beweisen, dass da, wo Land und Frauen knapp seien, sich die Menschen permanent abmetzeln würden. So unterfütterte er die kulturökologische Kriegsursachentheorie von der Ressourcen- und Frauenknappheit mit fadenscheiniger Empirie. Wenn man sich nun vor Augen hält, dass manche schriftlose Ethnien genau das als ihre Tradition ansehen, was frühere Ethnologen über sie geschrieben haben, erkennt man den Schaden, den derartige Gesellschaftsbeschreibungen anrichten.

Ganz anders der Fall der westmalayischen Semai. Lange Zeit galten sie als Vorzeigevolk, was Pazifismus und vorbildliche Kindererziehung betraf. Kurz vor der 68er-Revolution war der amerikanische Ethnologe Robert Dentan zu ihnen in den westmalayischen Regenwald gereist. Schnell war er davon überzeugt, dass die Semai dem entsprachen, wonach die Hippies suchten – einer superheilen Peace-and-Love-Welt. In seiner Ethnografie *The Semai. A Nonviolent People of Malaysia* (1968) preist er dem euroamerikanischen Publikum vor dem Hintergrund des Vietnamkrieges dieses mustergültige Volk als Reklame für den Frieden an. Die kuriose Tatsache, dass die Semai in seiner Gegenwart schreienden Säuglingen schon mal zur Beruhigung Zigaretten in den Mund steckten, verkauft er dem Lesepublikum als Notwendigkeit, die zu einer pazifistischen Kindererziehung gehöre. Auf Teufel komm raus das Hohelied des Friedens singend, blendete er den traurigen Grund für die pazifistische Lebensweise *seines* Tropenwald-Volkes aus: Um den Drangsalen der stärker militarisierten Nachbarvölker auszuweichen, blieb den Semai gar nichts anderes übrig als der defensive Rückzug in Stummheit und scheinbare Gewaltlosigkeit.

Diese beiden bizarren Lesarten des kulturell Fremden – kriegerisch und teuflisch oder glückselig und edel – wenden wir auch heute noch an, um kulturell Fremde zum eigenen Vorteil zweckzuentfremden.
Als Folge globaler Migrationsfluktuationen und Einwanderung nach Deutschland ist in den letzten Jahrzehnten noch ein drittes Fremdstereotyp dazugekommen: der defizitäre und daher hilfsbedürftige Fremde. Um ihn scharen sich nicht nur soziale Ehrenämter, es konkurrieren auch medizinische und pädagogische Berufe um ihre Deutungshoheit über „ihn". Gleich ist allen Bemühungen, dass sie Migranten auf raffinierte paternalistische Weise von sich abhängig machen und vor allem halten. Nicht selten mit dem fatalen Ergebnis, dass einige Migranten

derartige Fremdzuschreibungen und Abhängigkeiten verinnerlichen und sich über sie definieren.

Der Stereotyp des defizitären Wilden ist zwar schon rudimentär bei Georg Vicedom vorhanden, in ausformulierter Form ist er aber ein relativ modernes Produkt. Wir begegnen ihm in vielerlei Variationen. Beispielsweise wenn scheinbar wohlmeinende Sozialpädagogen, die Spielnachmittage für Kinder und ihre Mütter in Asylantenwohnheimen veranstalten, gleichzeitig in Teamsitzungen über die „verwahrlosten" Kinder der Flüchtlingsfrauen schimpfen, die mit verschmierten Mündern und viel zu kühler Kleidung mutterseelenalleine durch die kühlen Gänge des Wohnheims laufen würden. Zustimmendes Nicken und Aufseufzen in der Kollegenrunde. Für komplizenhafte Selbstbeweihräucherung ist nun gesorgt. Die anderskulturellen Mütter werden als vernachlässigend entmündigt, um das eigene Tun als wichtigen Zivilisationsauftrag zu etablieren.

Welchen Stereotyp – edel, wild oder defizitär – man wählt, um kulturell fremde Menschen zu beschreiben, hängt von eigennützigen Motiven ab. Man projiziert in den kulturell Anderen das, was einem selber nützt. Als ebenbürtiger und gleichrangiger Mensch kommt der zweckentfremdete Fremde nicht zu Wort. Man spricht über ihn, aber nicht mit ihm.

Interkulturelle Kontakte glücken allerdings nur dann, wenn wir anderen Kulturen auf Augenhöhe begegnen und aufhören, uns in Denkschablonen und Stereotypen zu flüchten.

Oder anders: Nur wenn wir es wagen, unseren Kulturkompass abzulegen und fremdkulturellen Menschen

„nackt" gegenüberzutreten, werden unsere interkulturellen Kontakte endlich glücken. Erst dann und nur so.

500 Jahre Spekulationen Über den menschlichen Naturzustand

Wie alles anfing: Das Bordbuch des Kolumbus

Als Kolumbus auf der Suche nach einem kürzeren Seeweg nach Indien am 12. Oktober 1492 auf die Bewohner der Bahamasinsel Guanahani stieß, reagierten die spanischen Seeleute angesichts der fremdartigen Menschen geschockt, ablehnend und fasziniert zugleich.

Die Guanahanier wurden von den Spaniern augenblicklich als radikal andere Menschen erkannt, die alles auf den Kopf stellten, was sie bisher von der Welt zu wissen glaubten.

Zur Zeit Kolumbus' prägte der auf höfische Manieren und eleganten Kleidungsstil Wert legende spanische Hof das Menschenbild, daher waren die „nackten braunhäutigen" Guanahani für die Spanier auf körperlicher Ebene wie ein Schlag ins Gesicht. Aber nicht nur das: Es folgte auch auf beiden Seiten die beunruhigende Erkenntnis, dass die jeweils fremde Kultur durchaus auch eine attraktive Alternative zum eigenen Lebensstil hätte darstellen können. Man beäugte sich gegenseitig gleichermaßen fasziniert und abgestoßen. Die zwangsläufige Infragestellung der eigenen kulturellen Werte, religiösen Überzeugungen und Weltbilder erschütterte die eigene Identität.

Es schien nur einen Ausweg aus dem Dilemma zu geben: Die fremden Menschen durften nicht auf Augenhöhe betrachtet werden, sie mussten entmenschlicht werden! Es gibt drei Möglichkeiten, wie man aus Menschen „Wilde" macht. Man hebt die kulturell fremden Menschen in transzendente Sphären empor und betrachtet sie als Götter oder Traumwesen. Oder man verweist sie ins Reich des Bösen und Zombiehaften. Oder man sieht in ihnen arme, hilflose, pathologische Kreaturen, die dringend unsere menschliche Hilfe benötigen.

Kolumbus hat sich für die ersten beiden Möglichkeiten entschieden.

Er beschreibt in seinem Bordbuch die Arawak der westindischen Inseln als nackte, aber glückselige und edle Wilde und die Kariben als kriegerische und böse Bestien. So wie er die einen idealisierte, so verteufelte er die anderen. Sie waren für ihn keine „normalen" Menschen, sondern verwilderte Fabelwesen, die jenseits der menschlichen Sphäre existierten. Nur dadurch, dass er die provozierend andersartigen Menschen zu Wilden stereotypisierte, konnte er Mensch bleiben.

Das war vor über 500 Jahren!

Daher ist es kaum zu glauben, aber Kolumbus' Bordbuch wirkt bis heute bei uns nach.

„Wie bitte", werden Sie jetzt fragen, „ist mir etwa entgangen, dass Kolumbus' Bordbuch ein vielgelesener Longseller ist?" Natürlich ist es das nicht. Longseller aus anderen Jahrhunderten oder gar Jahrtausenden sind mit Gewissheit Cicero- oder Ovidtexte oder die Bibel. Cicerotexte werden immer wieder neu aufgelegt, weil Lateinschüler sie lesen müssen, und die Bibel, das versteht sich von selbst, ist die Grundlage der christlichen Religion.

Christoph Kolumbus ist für uns zuerst einmal der große Entdecker aus dem Geschichtsbuch oder – noch viel mehr – ein Kinoheld, gespielt vom französischen Schauspieler Gérard Depardieu, aber gewiss kein Autor, der uns mit seinem Bordbuch ein ausgezeichnetes Dokument hinterlassen hätte. Eines, das von dem interkulturellen Erstkontakt zwischen der indigenen Bevölkerung der westindischen Inseln und den Spaniern erzählt. Eines, das uns großspurig von den Anfängen der europäischen Kolonialgeschichte aus der Sicht eines sogenannten Entdeckers erzählt, aber zwischen den Zeilen offenbart, weshalb Kulturkontakte, die von kolonialem Geist getragen werden, katastrophal enden müssen. Aber genau so ein Dokument hat er für uns hinterlassen, auch wenn es stets Spezialisten gewesen sind, die voller Faszination oder Abwehr darin lasen.

Die beiden Philosophen Thomas Hobbes und Jean-Jacques Rousseau setzten sich beispielsweise im 17. und 18. Jahrhundert tiefschürfend damit auseinander. Sie verglichen es mit nachfolgenden ethnografischen Werken und kamen zu zwei unterschiedlichen Schlüssen. Für Hobbes waren kulturell fremde Menschen böse und gefährlich, für Rousseau waren sie glückselige und vorbildliche Wesen.

Diese widersprüchlichen Einschätzungen gehen tatsächlich auf Kolumbus' Gegenüberstellung der „kriegerischen Kariben" mit den „glückseligen Arawak" zurück. Und das sind die Denkschablonen, die wir noch heute – wenn auch variantenreicher – über kulturell fremde Menschen stülpen.

Ist es Denkfaulheit? Ignoranz? Mangel an Realitätssinn? Oder was sonst ist es, das uns davon abhält, kulturell fremde Menschen offen und differenziert wahrzunehmen? Aus dem Bordbuch des Kolumbus sind uns weder der „kriegerische Karibe" noch der „glückselige Arawak" bekannt, trotzdem schieben wir kulturell fremde Menschen auch heute noch so gerne in diese altbekannten zwei Schubladen, die Kolumbus das erste Mal für uns geöffnet hat. Warum immer noch?

Eine Antwort liefert die Ethnologie, die sich als universitäre Disziplin nicht nur mit fremden Kulturen auseinandersetzt, sondern auch mit den Prozessen, die interkulturelle Kontakte ausmachen. Durch ihre eigene koloniale Verstrickung zur Zeit ihrer Fachentstehung ist die Ethnologie einerseits ein „gebranntes Kind", kann dadurch aber andererseits auf einen reichen Schatz an interkulturellen Erfahrungen und kulturellem Wissen zurückgreifen. Und die Erfahrung zeigt: Alles Fremde und Unbekannte wirft unsere Gewohnheiten und Identitätspfeiler durcheinander. Zu unseren Identitätspfeilern gehören unsere sozialen, religiösen und philosophischen Weltanschauungen, die wir durch unsere Sozialisation vermittelt bekommen haben. Sie sind der Überbau, sie prägen unsere Lebensweise, bestimmen unser Denken und unsere

Vorurteile. Auch wenn Kultur sich ständig im Wandel befindet – schließlich leben wir heute auch nicht mehr so wie unsere Großeltern –, provozieren kulturell fremde Menschen uns dennoch. Aus dem einfachen Grund, weil sie auf die großen Fragen des Menschseins andere Wahrheiten und Erklärungsmodelle liefern. Im Lichte so mancher fremder Wahrheiten leuchten die unsrigen vielleicht weniger oder – im Gegenteil – noch viel kraftvoller. Manchmal liefern fremde Lebensweisen und die dahinter stehenden Denkmodelle sogar plausiblere Antworten auf drängende Fragen.

Entweder wehren wir die fremden Denkmodelle dann ab, weil sie unsere eigene Identität erschüttern, oder wir nehmen sie kritiklos an, schwärmen von der fremden Kultur und versuchen, uns möglichst viele Attribute der fremden Kultur anzueignen. In beiden Fällen betrachten wir die fremde Kultur aus europäischer Perspektive. Wir legen an sie unsere eigenen kulturellen Maßstäbe an. Damit versperren wir uns den Weg, das Fremde aus sich selbst heraus zu begreifen.

Heißt das, wir müssen einfach auf kulturell fremde Menschen zugehen und sie fragen, was uns an ihnen interessiert? So einfach ist es leider auch nicht. Denn Interesse an anderen Kulturen bedeutet noch lange nicht, dass wir sie auch respektieren und begriffen haben, wie sie „ticken". Auch jemand, der jedes Jahr viele Monate in Thailand überwintert, weil Land und Leute so „toll sind", ist nicht davor gefeit, vorschnelle Fehlurteile über die Anderen zu fällen. Zwischen ihm und den Menschen klafft noch immer ein riesiger kultureller Graben. Man kennt das Grabenphänomen sogar von Menschen, die man als Überläufer bezeichnet, als Konvertiten, die in andere Kulturen überwechseln, weil sie mit der eigenen Kultur unzufrieden sind. Diese Überläufer dringen oft aber nur scheinbar in eine fremde Kultur ein. Auch wenn sie sich kleiden wie die geliebten Anderen, ihre Sprache lernen und ihre Speisen kochen, verkleinert sich der kulturelle Graben nicht. Sie teilen mit einem kleinen Kreis der kulturell fremden Kultur nur äußere Attribute. Das lässt sich sehr gut am Beispiel der vielen deutschen jungen Männer zeigen, die seit dem 11. September 2001 in den Islam konvertiert sind. Statt sich textkritisch mit dem Koran und vor allem dem Kontext, in dem er entstanden ist, auseinanderzusetzen oder sich mit möglichst vielen Moslems zu unterhalten, die unterschiedliche Ansichten und Interpretationen zu ihrer Religion liefern könnten, lauschen sie lieber mit Kaftan, Häkelkappe und Vollbart den bizarren und gehässigen Koranauslegungen eines anderen deutschen Konvertiten namens Pierre Vogel. Wer Pierre Vogel einmal im Internet reden gehört hat, weiß, dass er eine explizit anti-westliche Haltung predigt. Er benutzt den Islam dazu, den westlichen Lebensstil zu verteufeln.

Diese Konvertiten ähneln den Menschen, die nie gelernt haben, sich eigene Urteile zu bilden. Genug Leichtgläubige fallen auf die Schimpftiraden der Boulevardzeitungen oder das von rassistischem Gedankengut getragene Buch von Thilo Sarrazin „Deutschland schafft sich ab" herein. Dieselben weisen aber den Rassismusvorwurf schnell zurück. Sarrazins Buch ist genauso rassistisch und von Feindbildern durchwühlt wie die Reden Pierre Vogels. Pierre Vogel sieht im liberalen westlichen Lebensstil den größten Feind für den Islam; Sarrazin sieht in den muslimischen Migranten den größten Feind für das deutsche Bildungsbürgertum. Er glaubt, durch den Zustrom der vielen muslimischen Migranten verdumme die deutsche

Gesellschaft, denn da sie schlecht gebildet seien, würden sie uns durch ihren Kinderreichtum allmählich unterwandern. Sarrazin spricht alte Ängste aus und schürt neue. Er etabliert eine moderne Form der alten Xenophobie, die Kulturen durch genetische Ähnlichkeiten erklären will. Auch jeder Leser, der nicht so gerne um fünf Ecken denkt, weiß genau, was Sarrazin damit meint: Die Deutschen sind klüger und haben die besseren Gene. Damit sind wir wieder hundert Jahre zurück bei den Rassentheoretikern.
Für Konvertiten, die Pierre Vogels Reden glauben, symbolisiert jedes Mädchen im Minirock den Teufel. Und unkritische Sarrazinanhänger betrachten jeden muslimischen Einwanderer mit Argusaugen oder reagieren hysterisch, sobald sie im Bus auf eine verschleierte Frau treffen. Die Verschleierte symbolisiert für sie so etwas wie eine steinzeitliche „Idiotin". Denn sie messen die verschleierte Frau an den westlichen Werten Bildung, Freiheit und Emanzipation. Dumm nur, wenn die verschleierte Frau Abitur hat oder Elektrotechnik studiert und einen Haushalt mit zwei Kindern schmeißt, während der Sarrazinanhänger gerade mal einen Hauptschulabschluss aufweist und Schiller für eine Schnapsmarke hält.
Anstatt das kulturell Fremde aus seinem zeit- und ortsgebundenen Kontext heraus zu betrachten, reagieren die Islamkonvertiten und die Islamgegner auf das kulturell Fremde mit Abwehr (böser Islam) oder Idealisierung (edler Islam).

Warum Hobbes noch heute aktuell ist

Zwei Philosophen, der Engländer Thomas Hobbes (1588-1679) und der Franzose Jean Jacques Rousseau (1712-1778), studierten von ihren Schreibtischen aus neben dem Bordbuch des Kolumbus auch sonst noch alle möglichen Berichte, die sie über außereuropäische Kulturen finden konnten.
Hobbes dürfte sich vor allem aus den Schriften Walter Raleighs bedient haben, der 1585 im Auftrag der englischen Königin Elisabeth I. die Kolonie Roanoke in North Carolina gegründet hatte. Auch aus den Schriften des in Peru missionierenden Jesuiten José de Acosta und außerdem aus den Elegien des spanischen Feldherrn Garcilaso de Vega (1609-1617). De Vega zog gegen die Türken in den Krieg und es liegt auf der Hand, dass er seine Feinde als „primitive Untermenschen" beschrieb. Auch die Schrift des französischen Theologen Jean de Léry über die brasilianischen Kannibalismusfälle (1578) dürfte auf Hobbes' Schreibtisch gelegen haben, genauso wie das Buch von Richard Hakluyt (1589-1600) über die Berichte englischer Kapitäne und Entdecker.

Alle fünf Autoren blasen ins gleiche Horn. In das Horn, in das Menschen wie Sarrazin auch über 400 Jahre später noch blasen können, weil der Ton so schön vertraut ist.
Die fünf beschreiben fremde Völker als primitiv, dumm und kriegslüstern. Letztere Eigenschaft erklären sie damit, dass diese Völker ohne Staat und Führerschaft in unstrukturierten Horden leben würden.
Unter einer sogenannten Horde versteht man eine größere gemeinsam handelnde soziale Einheit wie eine Jä-

ger- und Sammlergesellschaft. Man nennt sie auch Wildbeuter. Durch Studien bei den australischen Aborigines oder den südafrikanischen !Kung San wissen wir heute, dass die Jäger- und Sammlergesellschaften durchaus eine politische Einheit sind. Auch wenn die Gemeinschaft nur aus zwei Dutzend Individuen besteht, werden politische Angelegenheiten so lange diskutiert, bis man einen Konsens gefunden hat. Es gibt Respektpersonen, die aufgrund ihres Alters oder ihrer Erfahrungen eine übergeordnete Stellung in der Gemeinschaft erhalten, es existierte aber kein formeller Boss, der über andere Befehlsgewalt hätte. Da jeder Einzelne der Gruppe freien Zugang zu den natürlichen Ressourcen wie Süßwasser, Nahrungspflanzen und Wildtiere hat und die Gruppenmitglieder untereinander zwanglos Werkzeuge und Arbeitsmaterialien austauschen, ist eine politische Machtinstanz, die per Kontrolle und Gesetz über Ressourcen und Privilegien herrschen will, überflüssig.

Und bei vielen kleinen Gesellschaften sogar explizit unerwünscht, wie der französische Ethnologe Pierre Clastres herausfand. Clastres forschte zwischen 1963 und 1974 bei zahlreichen amazonischen Ethnien (Guayaki, Guarani, Chulupi und Yanomami). In der Aufsatzsammlung *La société contre l`État,* Staatsfeinde, vertritt er die interessante Ansicht, dass diese kleinen abgeschotteten, politischen Einheiten aus Selbstschutz dafür sorgen würden, dass keiner ihrer Häuptlinge jemals zu mächtig würde. Schließlich würde er seine Macht zulasten aller anderen dafür einsetzen, noch mächtiger zu werden.

Deshalb sind ihre Häuptlinge eher Redekünstler als Bosse. Sie müssen jeden Abend aufs Neue durch Gesänge beweisen, wie toll sie sind, dürfen aber niemals Kriege anführen oder Befehle austeilen. Schlimmer noch: Trotz ihrer herausragenden Stellung sind sie die Ärmsten ihrer Gruppe, weil sie nichts horten dürfen, weil sie alle Prestigegüter sofort weiter verschenken müssen. Statt dass der Häuptling sein Volk unter die Lupe nimmt, überwacht jeder Einzelne in der Gruppe permanent das Treiben des Häuptlings. Die Menschen ahnen oder wissen: Sobald ein Häuptling zu viel Macht und Privilegien innehat, nimmt das Unglück seinen Lauf. Er würde rasch um sich eine Clique scharen, die ihm hilft, über die Ressourcen und produzierten Güter zu herrschen. Er würde auch Gesetze erlassen, die alle anderen von den Privilegien fernhalten. Für Clastres ist der Staat erst als Folge von Eigentum entstanden. Zum Schutz des Eigentums. So würde der Häuptling neben den Gesetzen bald schon einen Gewaltapparat schaffen, der über die Einhaltung der Gesetze wacht – und darüber, dass die von allen produzierten Waren und Lebensmittel in die Kanäle seiner Machtelite fließen.

Es birgt also erhebliche Gefahren, wenn sich politische Macht auf wenige Menschen konzentriert. Gesellschaftliche Schichtung, soziale Ungleichheit und ökonomische Ausbeutung sind die kranken Elemente aller Staaten, deren Aufrechterhaltung von einem Justiz- und Polizeiapparat überwacht wird. Um diese Übel zu vermeiden, bleiben nach Clastres viele amazonische Ethnien lieber „Staatsfeinde" und hindern ihre Häuptlinge stetig daran, wirklich mächtig zu werden.

Man kann durchaus von heutigen Wildbeutergruppen oder von den amazonischen Ethnien auf die „Horden" schließen, über die Hobbes in seiner Schrift *Leviathan* (1651) behauptet, sie haben nur geraubt, Schande zu

Wasser und zu Lande gebracht und in einem Zustand des Krieges aller gegen alle gelebt.

Hobbes kannte fremde Kulturen nicht aus eigener Anschauung und konnte daher nicht wissen, dass „Horden" einfach nur politisch anders funktionierten als der englische Staat. Daher ist das, was er von seinem Londoner Schreibtisch aus behauptet, zunächst einmal das Produkt großer Unkenntnis. Es knirscht daher schon arg im Kopf, wenn er behauptet, es gäbe bei den Wilden ohne Staat weder Ackerbau noch Schifffahrt, weder bequeme Behausungen noch Werkzeuge höherer Art, weder Länderkenntnis noch Mathematik oder Kunst. Auch keine Literatur, keine gesellschaftlichen Verbindungen, nur tausendfaches Elend, wobei das Schlimmste die ständige Furcht davor sei, ermordet zu werden. Diese stündliche Todesgefahr, so schließt Hobbes seine abstruse Schilderung, habe den Wilden ohne Staat nur die Aussicht auf ein einsames, kümmerliches, rohes und kurz dauerndes Leben geboten.[1]

Kann menschliche Existenz noch trostloser klingen? Natürlich hat Hobbes auch eine Antwort parat, weshalb sich die Wilden permanent gegenseitig ermorden: Weil es keinen Führer gegeben habe, musste jeder Wilde alleine für sein Wohl sorgen und seinen Besitz verteidigen. Denn er habe noch so viel Land besäen, bepflanzen und bebauen können, immerzu sei er in Gefahr gewesen, von einem neidischen Nachbarn aus Lust auf sein Stück Land plötzlich getötet zu werden. Weil manche Wilde sogar so ruhmsüchtig und machtgierig gewesen seien, dass sie sich gerne die ganze Erde untertan gemacht hätten, sei es daher ratsam für jedermann gewesen, selbst durch Mord an den Besitz anderer zu gelangen. Nicht Fleiß und mühsame Arbeit waren die Parameter des Erfolgs, sondern Gewalt und Angriffskriege.

Um seine Argumente zu zementieren, vergleicht er seinen bösen Wilden mit einer bekannten Figur aus dem Alten Testament. Er weist im *Leviathan* auf den biblischen Brudermord hin. Kain erschlug Abel, glaubt Hobbes, weil er keine Justiz hatte fürchten müssen. Wenn es damals eine allgemein anerkannte Macht gegeben hätte, die eine solche Greueltat hätte rächen können, wäre der Brudermord niemals geschehen.

Dieser Abgesang auf den Jenseitsglauben und den biblischen Gott lässt seinen Lösungsvorschlag umso mehr glänzen: Als Heilmittel gegen das ständige Morden und Töten empfiehlt Hobbes den absolutistischen Staat.

Hobbes war in einer Zeit ständiger Kriegsbedrohung im absolutistischen England geboren und bezeichnete sich einmal selbst als Zwillingsbruder der Angst. Absolutismus war schließlich die ihm vertraute Staatsform.

Sein Menschenbild vom gräuelsüchtigen Wilden verrät neben der Angst vor dem Zusammenbruch des absolutistischen Englands auch die Angst vor dem radikal Fremden, versinnbildlicht durch scheinbar anarchistische Wilde ohne Staat. Diese Wilden waren sein Schreckgespenst, seine Feinde. Was er über sie in den ethnografischen Berichten las, erschütterte ihn zutiefst.

Ihre bloße Existenz provozierte nicht nur sein immenses Sicherheitsbedürfnis, sie stellte auch sein komplettes Weltbild auf den Kopf, denn es schien diesen Wilden an allem zu mangeln, was zu den kulturellen Koordinaten seines eigenen Lebens gehörte. Er betrachtete sie als zerstörerische und gefährliche Elemente. Mehr noch, sie symbolisierten die Klassenfeinde der bestehenden gesellschaftlichen Ordnung. (Erinnert wirklich frappierend an Sarrazins Thesen.) Die bösen Wilden standen folglich bei Hobbes für alles, was sich dieser Ordnung widersetzte und was seine Gesellschaftsschicht daher als minderwertig und schmutzig abwehrte. *Leviathan* ist keine Schrift gegen Anarchie oder ein ethnografischer Beweis, dass Wilde ohne Boss automatisch zum Wolf unter Wölfen werden würden, sondern der simple Versuch, den absolutistischen Staat zu rechtfertigen. Nur von ihm versprach sich Hobbes Schutz vor den grausamen Kriegen, die das England des 17. Jahrhunderts erschütterten. Dank seiner Sprachmächtigkeit und privilegierten sozialen Position ist es ihm gelungen, seine fiktive Denkschablone des bösen Wilden bis in unsere Zeit durchzusetzen, freilich auf Kosten der damaligen Völker aus der Neuen Welt.

Es klingt radikal, wurde aber von der damaligen und jetzigen Realgeschichte schon mehrmals bewiesen: Sinn aller pejorativen Marginalisierungen und grundlegenden Abwertung des kulturell Fremden ist seine Auslöschung. Daher ist es immer ein Alarmzeichen, wenn man andere Menschen als primitive und gefährliche Untermenschen bezeichnet, die unsere zivile Welt bedrohen würden. Sie werden dadurch zu nichts anderem als zu feindlichen Objekten unseres Vernichtungswillens, zur Beute einer Hetzjagd, die erst endet, wenn die provozierend andersartige Lebensform vom Planeten verschwunden ist.[2]
Sanfter klingt es zwar bei Sarrazin, wenn er über muslimische Migranten sagt: „Wer Türke oder Araber bleiben will, und dies auch für seine Kinder möchte, der ist in seinem Herkunftsland besser aufgehoben."[3] Er meint

allerdings dasselbe, wenn auch auf deutschen Boden beschränkt. Seine Botschaft lautet: Eure provozierend andersartige Lebensform muss aus Deutschland verschwinden!

Islam wird gerne mit Islamismus verwechselt. Auch in der Profi-Terrorbekämpfung. Menschenverachtende, gewalttätige Gruppierungen gehören freilich bekämpft, allerdings sollte man differenzieren, wer uns nur durch seine Andersartigkeit provoziert und wer tatsächlich menschenverachtende Praktiken und Gewalttaten ausübt.

In dem von den USA praktizierten Drohnenkrieg gegen Islamisten in Pakistan observieren US-Soldaten von ihrer Station in New Mexico aus auch Zivilisten. Aus 10 000 Kilometer Entfernung studieren die Drohnenpiloten die Menschen beim Bestellen ihrer Felder, beim Wäscheaufhängen und beim Sex auf den Häuserdächern in den heißen Sommermonaten. Sobald ein vermeintlicher Feind im Fadenkreuz erscheint, markiert der Drohnenpilot am Computer die gewünschte Einschlagstelle und gibt per Mausklick den Befehl zum Raketenabschuss. Das geschieht im friedlichen New Mexico. Irgendwo in den Bergen Pakistans schlägt 16 Sekunden später eine Rakete auf freiem Feld oder in ein Gehöft ein. Traurig, wenn während der 16 Sekunden noch ein Kind durchs Fadenkreuz läuft – die Rakete kann keiner mehr aufhalten. Auf dem Bildschirm in New Mexico erscheint ein Blitz, in Pakistan sterben nebst dem angepeilten Opfer auch Hühner und Hunde, spielende Kinder und ihre Mütter. Dass beim Drohnenkampf unschuldige Zivilisten getötet werden, gab Barack Obama im Januar 2012 zu.

Laut dem Londoner Nachrichtenbüro *Bureau of Investigative* soll es allein im August 2011 in Pakistan 300

Drohnenangriffe gegeben haben, dabei kamen 2 400 Menschen ums Leben, davon mindestens 400 Zivilisten. Die Tötung von Zivilisten gilt juristisch weltweit als Mordanschlag.

Unabhängig davon stelle man sich die Frage lieber nicht, ob die restlichen 2 000 Menschen wirklich islamistische Terroristen gewesen sind. Schließlich ist bekannt, dass sich pakistanische Hirten und Bauern in jenem drohnenumkämpften Landstrich oftmals wie Taliban kleiden, um von den wirklichen Taliban in Ruhe gelassen zu werden.

Das Problem im Drohnenkampf gegen die Taliban ist das Problem aller Kriege: Die Drohnenpiloten nehmen für die Tötung einzelner Kriegsfeinde die Tötung vieler unschuldiger Menschen in Kauf. Das ist nur möglich, wenn die Piloten diese Menschen als weniger wert und menschlich betrachten als sich selbst.

Damit das so ist, gibt es die Gehirnwäsche durch Feindbilder. Wie das in Diktaturen abläuft, davon berichten beispielsweise später interviewte Profi-Folterer, die während ihrer Ausbildung permanent mit Filmmaterial und suggestiven Nachrichten gefüttert wurden, bis sie wie ein dressierter Hund auf den vermeintlichen Feind reagieren konnten.

Bei den Drohnenpiloten genügt gewiss schon alleine der Verweis auf die Gefahr, die seit dem 11. September in der Welt gärt.

Neben der Entmenschlichung des Feindes erleichtert außerdem der klinische Charakter des Drohnenkrieges das Töten. So unblutig dieser Krieg in New Mexico auf der einen Seite ist, so zerfetzt er auf der anderen Seite Menschen, bei deren Sterben die Drohnenpiloten aus sicherer Distanz bequem zuschauen können. Es fehlen nur die gurgelnden und blubbernden Geräusche, die man aus Computerspielen kennt, wenn Menschen sterben.

Aber der Drohnenkrieg hat nur scheinbar sehr viel mehr mit einem Computerspiel wie Counter-Strike zu tun als mit realer Kriegsführung, tatsächlich wissen die Drohnenpiloten sehr genau, dass sie reale Menschen töten. Um ihre Opfer aber als primitiv, tierisch und weniger wert betrachten zu können, müssen sie erst eine Art Gehirnwäsche über sich ergehen lassen, in der die realen pakistanischen Menschen zu stummen, aber gefährlichen Objekten gemacht werden.

Für die Tötung von Demokratiefeinden nimmt der Drohnenpilot nach der Gehirnwäsche den Tod von Zivilisten in Kauf, weil sie für ihn nichts weiter als stereotype Figuren in einem gerechten Krieg sind.

Stereotype Figuren im Sinne von bösen Wilden, primitiven Untermenschen eben, die mit ihrer provozierend anderen Lebensweise unsere Zivilisation gefährden.

Eine Drohne namens Mq-1 Predator kostet 4,5 Millionen Dollar, dafür kann sie auf einer Höhe von über 7 000 Metern über 3 700 Kilometer fliegen und eine enorme Raketenlast tragen. Auch wenn Krieg immer teurer und zielgenauer wird, human wird er niemals sein.

Im Januar 2012 demonstrierten rund 100 000 Menschen aus Karachi gegen die Drohnenangriffe, von denen sie sich zutiefst bedroht fühlen. Obwohl sie in keinster Weise mit den Taliban sympathisieren, empfinden sie es als Zumutung, dass ihr Leben nunmehr in doppelter Weise gefährdet ist. Vom Regime der Taliban und von der US-Regierung.

Aber für viele Drohnenpiloten sind die demonstrierenden Menschen aus Karachi und die Taliban irgendwie ein und dasselbe. Schließlich nehmen sie notfalls auch deren Tod in Kauf. Sie aber zu lehren, andere Kulturen differenzierter zu betrachten, widerspräche dem Wesen des Krieges. Krieg braucht Feindbilder und die sind immer stereotyp. Niemals darf ein Soldat die Personen im Fadenkreuz als Menschen betrachten, die genauso schutzbedürftig, lebensfreudig und voller Sehnsucht nach friedlichen Verhältnissen sind wie er selbst. Er muss nur das Böse sehen, das Karzinom, ihm gilt sein Vernichtungswille, dem gefährlichen, bösen Untermenschen. Er ist das Sinnbild des Bösen, das zerstörerische und feindliche Element der eigenen bestehenden Ordnung. Stereotype Denkschablonen gehören daher zum Anfang aller Kriege. In einer friedlichen Welt taugen sie allerdings nicht viel. Im Gegenteil, sie schaffen Unfrieden, sorgen für Missverständnisse und produzieren eine Kultur der Vorurteile und Nörgelei.

Jean-Jacques Rousseaus edler Wilde

Dreiunddreißig Jahre nach Hobbes' Tod geboren, war auch Rousseau ein fleißiger Leser von ethnografischen Berichten. Aber da man ja bekanntlich seine Suche danach ausrichtet, was man finden will, studierte Rousseau nicht die Werke, mit denen Hobbes sich begnügte, sondern knüpfte sich neben den englischen Reisebeschreibungen und den spanischen und portugiesischen Bordbüchern mit Gewissheit vorrangig die Werke seiner Landsleute Du Tertres, Prévost und Lahontan vor.

Von allen dreien übertreibt es Louis-Armand Baron de Lahontan in seinem fiktiven Dialog *Gespräche mit einem Wilden* aus dem Jahre 1703 am meisten. 1666 geboren, kam Lahontan als junger Mann nach Kanada, um dort als Offizier in der französischen Kolonialarmee zu dienen. Damals besiedelten die Huronen Kanada. Ihr Häuptling hieß Kondiaronk. Als Lahontan ihm begegnete, änderte das seine Gesinnung von Grund auf. Denn das offenbar friedliche Dasein in freier Natur erschien ihm tausendmal erstrebenswerter als das stressige und von Zwängen beherrschte Leben in der französischen Metropole. Er idealisierte das Leben der Huronen. In seinen *Dialogues Curieux* schrieb er seine Ideen vom freien, friedlichen Naturleben in Form fiktiver Gespräche mit einem Wilden namens Adario nieder. Adario lebte aus seiner Sicht das wahre, edle und vor allem richtige Leben.[4]

Adario war niemand anderes als Kondiaronk, der Häuptling der Huronen. Lahontan schuf mit Adario den ersten edlen Wilden, der in Figuren wie dem Südseehäuptling Papalagi, Tarzan oder Winnetou bis heute weiterlebt. Diese Figuren sind pure Illusionen, dazu da, uns unter die Nase zu halten, wie glücklich wir hätten sein können, wenn alles ganz anders wäre. Hätte man Kondiaronk gefragt, was ihm so alles an seinem Leben missfällt, wäre ihm bestimmt so einiges eingefallen. Aber das hat niemand.

In seiner 1755 publizierten Schrift *Abhandlung über den Ursprung und die Grundlagen der Ungleichheit unter den Menschen* konstruiert Rousseau (1712-1778) auf der Basis dieser Schriften eine spekulative Evolutionsgeschichte, an deren Anfang er den edlen Wilden (á la Adario) als idealtypische und zivilisationskritische Figur setzt. Als leidenschaftslosen, selbstgenügsamen, glücklichen, instinktgeleiteten und friedfertigen Naturmenschen mit nur einer Schwäche: Ihm fehlt die Gabe, sein Tun zu reflektieren. Seine Instinkte sind die Impulse, nach denen er handelt.

Sonst aber ist er uns weit voraus. Um das zu verstehen, müssen wir Rousseau weit zurück in unsere eigene Vergangenheit folgen.

Einst soll es laut ihm eine Zeit gegeben haben, in der wir Menschen noch alleine als isolierte, bedürfnislose, sprachlose Wesen ohne Behausung durch die Wildnis tigerten, die Früchte der Natur aufschmatzten, so wie sie uns von den Bäumen entgegensprangen. Werkzeug, Kriege, Gemeinschaftssinn und die Kunst des Feuermachens waren uns noch fremd. Aber dann erkannten wir, dass es besser war, gemeinsam zu jagen und schlechtem Wetter zu trotzen als alleine. So schlossen wir uns mit anderen zu noch unstrukturierten Horden zusammen. Noch immer stillten die wilden Tiere und die Früchte von den Bäumen unseren Hunger, aber etwas änderte sich in unserem Bewusstsein. Durch die Erfindung von Werkzeugen und den Feuergebrauch gelang es uns immer besser, die Wildnis um uns herum zu beherrschen. Wir waren den Unberechenbarkeiten der Natur, den Witterungen und den Wildtieren nicht mehr ausgeliefert und wurden arrogant. Wir begriffen nämlich, dass es zwischen uns und der Tierwelt einen Unterschied gab, dass sich unsere Menschenwelt von der Tierwelt abhob.

Wir waren plötzlich nicht mehr Teil der Natur, sondern teilten sie ein, klassifizierten und zähmten Flora und Fauna und wurden in einem weiteren Schritt sesshaft. Auf unseren Äckern wuchsen nun bessere Früchte, ja, das

Früchteangebot wurde immer üppiger. Wir erwirtschafteten Überfluss und konnten uns mehr Kinder leisten. Es kam der Tag, da mehr Kinder als Erwachsene zwischen den Gehöften umherwuselten. Es kam zur Bevölkerungsexplosion mit der Folge, dass die Ressourcen verknappten. Auch die Fleischtöpfe leerten sich, die Bäume spendeten nicht mehr genügend Früchte für alle, wir hungerten plötzlich. Das erste Mal in der Menschheitsgeschichte litten wir Hunger. Es waren unsere brennenden Mägen, die den bisher unbekannten Hang zum grausamen Verhalten durchbrechen ließen. Um an Essbares zu gelangen, fingen wir an, uns gegenseitig abzumetzeln. Kriege folgten auf Kriege und darauf folgten wieder Kriege.

Rousseau lehnt zwar Hobbes' Paradigma vom Krieg aller gegen alle ab, zählt allerdings als primären Kriegsgrund nun auch Streitigkeiten um Land auf. Reich und wohlhabend wurde künftig auch jener mit der größeren Durchschlagskraft.

So schlossen wir uns aus Not zu großen militärischen Kampfeinheiten zusammen. In derartigen Gruppen herrschte aber kein echter Gemeinsinn. Die Gruppe bot Schutz, aber es gab nur eine künstliche Harmonie, wir waren eine Nutzengemeinschaft, mehr nicht. Im Herzen blieben wir Individualisten. Daher konnte die Stimmung zwischen den Mitgliedern schnell umschlagen und wenn es plötzlich vonnöten war, brachten wir uns gegenseitig um.

Das Schlimmste an unserer plötzlichen Gruppenmentalität war für Rousseau aber, dass sich in den Gruppen Anführer und ein Machtapparat herausbildeten. Diese hatten großes Interesse daran, dass die anderen brav Kriege führen, schließlich bekamen sie die größten Beutetrophäen ab. Mit List und Tücke schürten die Gruppenbosse künstliche Bedürfnisse bei den anderen, zettelten Kriege an und führten diese in ihrem Namen. Aus kleinen Anführern wurden Staaten. Nun führten wir Kriegszüge für Staaten, erbeuteten wertvolle Objekte und lebten nach jedem siegreichen Krieg im Überfluss. Von Generation zu Generation weckte dieser Überfluss die Gier nach mehr und bald schon steigerte sich unsere Gier in eine unstillbare Begehrlichkeit.[5]

War es wirklich so oder bezweckte Rousseau mit seiner Geschichtsspekulation einfach nur haarscharfe Gesellschaftskritik? Das Pariser Bürgertum war für ihn durchseucht von Raffgier und eigennützigen Feudalherren. Mit seinem edlen Wilden wollte er den verhassten Mitmenschen einen Spiegel vorhalten. Darin sollten sie sich selbst erblicken, als sie sich noch harmonisch in die Urnatur einfügten und noch nicht an der Manie erkrankt waren, sich andere Völker und die Natur samt Flora und Fauna untertan zu machen.

Alter Wein in neuen Schläuchen

Wir wissen nun: Der Erstkontakt zwischen Spaniern und mesoamerikanischen Völkern ist die Geburtsstunde des guten und bösen Wilden. Dieser Komplementärmythos ist seither aus der europäischen Geistesgeschichte nicht mehr wegzudenken. Er beruht auf den idealisierenden und verteufelnden Schilderungen der ersten Überseefahrer und ist nichts anderes als Imagination über radikal anderes Menschsein, das nicht richtig begriffen werden konnte, weil das Instrumentarium dazu fehlte. Das Instrumentarium, das wir heute kennen: die Empathie, die vorurteilsfreie Empirie und die Aufgeschlossenheit für die emische Perspektive.

Diese Methoden waren bei Hobbes und Rousseau einfach noch unterentwickelt, weil die überseeischen Konfrontationen noch relativ neu waren und wissenschaftliche Reflexion zeitliche Distanz benötigt.

Trotzdem gelang es den beiden, aus den Kulturberichten Menschenbilder zu extrahieren, an denen sie ihre Theorien und Spekulationen über die menschliche Natur illustrieren konnten.

Doch bis heute hat es sich scheinbar nicht herumgesprochen, dass beide Figuren nichts als Abziehbilder sind und ins Reich der Mythen und Legenden gehören. Sie sind zuallererst geschaffen worden, um auf drängende Fragen und Probleme Antwort zu geben, die nach den ersten überseeischen Erstkontakten aufbrandeten, und sie erfüllten den Zweck der Selbstberuhigung und Selbstbeweihräucherung, wehrten eigene Ängste ab und legitimierten koloniale Schandtaten.

Aber sobald heute in der Öffentlichkeit beispielsweise diskutiert wird, ob ein Leben ohne staatliche Gewalt nicht sinnvoller sei, weil der Mensch so wieder lernen könne, auf sein eigenes Gewissen zu hören, beschwören die Anhänger von Hobbes das Bild des raubenden und mordenden Wilden herauf.

„Habt ihr aus der Geschichte nicht gelernt?", tönen sie den Anarchisten und Freigeistern entgegen. „Wisst ihr nicht, was geschieht, wenn sich der Staat aus dem Leben der Menschen zurückzieht? Raub, Mord und Totschlag! Schaut hin, wie sich die Menschen gegenseitig die Köpfe einschlagen, sobald in einem Bürgerkrieg der Staat ausgehebelt worden ist."

Fürwahr! Vergessen wird dabei allerdings, dass ja erst ein Staat mit seiner rigiden Vormachtstelle und Machtansprüchen ausgehobelt werden musste, bevor die Menschen „zu Wölfen" wurden. Wer weiß, was diesen Menschen erst vom Staat alles entzogen wurde, dass sie nun so aufbegehren müssen.

Und wo begegnen wir Rousseaus edlem Wilden? Wir begegnen ihm in allen idealisierenden Gesellschaftsberichten und Reiseschilderungen, in denen Vertreter anderer Kulturen als exotisch und tausendmal großzügiger und erotisch bezirzender als die Geschlechtspartner der eigenen Kultur beschrieben werden. Man schlage nur mal eine der vielfältigen deutschen Zeitschriften auf, die im thailändischen Pattaya oder Patong in den Läden zu kaufen sind. Da sülzen europäische Männer von ihren thailändischen paradiesischen Sex-Evas. Es bleibt aber nicht bei der Verklärung. Sie muss auch noch mit der unterkühlten deutschen Frau kontrastiert werden.

Diese kitschige Exotisierung gibt es aber auch gegengeschlechtlich bei deutschen Frauen, die in der Beziehung mit einem Afrikaner ihr großes Glück gefunden zu haben glauben und ihm allerhand Eigenschaften andichten, an denen es den deutschen Männern mangelt. Allen voran an menschlicher Wärme und heißem Sex.

Bei der Exotisierung wird der kulturell Fremde zum idealen, zivilisationskritischen Übermenschen erklärt, dem Heldenhaftes, Göttliches und Transzendentes anhaftet. Diese Idolisierung bekommt erste Risse, sobald aus der exotischen Beziehung die heiße Luft weicht. Schnell wird es dann frostig.

Man kennt das aus Corinne Hofmanns autobiografischem Bestseller *Die weiße Massai*. Erst lobt sie ihren kenianischen Geliebten Lketinga in den Himmel, um ihn später, nachdem sie in seinem Dorf an Malaria erkrankt ist, in Grund und Boden zu verdammen. Ein rasanter Kamikazeabsturz, den Lketinga da im Kopfe der Erzählerin zu bewältigen hat. Von seinem anfänglich knackig-edlen Kriegerkörper bleibt nur noch ein fader Nachgeschmack übrig, sobald die Erzählerin über die unhygienischen Dorfverhältnisse und die primitiven Einstellungen Lketingas zu Sexualität und Kindererziehung lästert.[6]
Da hat sich der edle Wilde á la Rousseau so schnell zum bösen und primitiven Störfaktor á la Hobbes geändert, das einem beim Lesen Hören und Sehen vergeht. Botschaft des Buches: Wenn du, liebe Leserin, das nächste Mal nach Kenia in den Urlaub fährst, dann lieber gleich mit Glacéhandschuhen, lass dich bloß auf keine Avancen mit Einheimischen ein, du siehst ja, wohin das führt.
Ja, wohin eigentlich führt so etwas? Klar – zum Bestseller! Weil die Leser zu Hause genau die Storys lieben, in denen ihnen selbst in den noch so exotischsten Gefilden die altbekannten Stereotype begegnen.
Ach ja, Sarrazins Buch gehört zu den meistverkauften Sachbüchern seit dem Zweiten Weltkrieg. Was sagt das über viele Leser aus, die seinen Thesen liebend gerne Glauben schenken? Sie mögen es, von schrecklichen Wilden zu hören, weil sich die eigene Kultur dann umso zivilisierter hervorhebt. Und sie ist ja bekanntlich unser Kompass.

Jean Liedloffs Traum von den glückseligen Yequana

Jean Liedloffs *Auf der Suche nach dem verlorenen Glück. Gegen die Zerstörung der Glücksfähigkeit in der frühen Kindheit* ist heute noch Pflichtlektüre für viele, die sich mit menschlicher Erziehung auseinandersetzen. 1975 in Amerika publiziert, finden wir in diesem Buch Rousseaus edlen Wilden in Reinform: in Gestalt des amazonischen Yequana. Von ihm will uns die Autorin weismachen, er sei dank der Kindererziehung die glücklichste, edelste und perfekte Kreatur auf Erden. Die Kinderziehung bei den Yequana beschreibt sie als relative Laissez-faire-Pädagogik. Egal ob die Yequanakinder im reißenden Fluss vor den Hütten baden oder mit einem Tranchiermesser zwischen den Baumstämmen des Waldes laufen, die Erwachsenen würden sie gewähren lassen und kein Kind wäre so blöd und würde ertrinken oder sich verletzen, denn die Gefahren des Dschungels seien ihnen praktisch in die Gene eingeschrieben. Sie würden mit der grünen Blätterwelt ein Kontinuum bilden, eine seelische Einheit, mehr noch: einen kybernetischen Idealzustand. Durch den Laissez-faire-Habitus der Eltern, aber vor allem weil diese gleichzeitig das biologische Verlangen ihrer Kinder nach Hautkontakt tagaus und tagein stillen, seien die Yequana perfekt an die Unabdingbarkeiten des Tropenwaldes angepasst, ähnlich wie die Navi aus dem Kinofilm Avatar. Mal von deren technischer Überlegenheit abgesehen.

Liedloff wird aber noch konkreter. Quelle und Fetisch ihres Glücks, so betont sie nachdrücklich, sei die weiche, dehnbare Baumwollbinde, mit der die Mütter ihre Waldkinder überall mit herumtragen würden. Statt klinischer

Kälte und mütterlichen Egoismus – Glück und Sonne auf der Haut pur. Daher seien all ihre Bedürfnisse befriedigt und sie würden nichts vermissen. Und weil sie nichts vermissen, dürsten sie auch nach keinen falschen Bedürfnissen, so – und jetzt kommt es – wie die westlichen Menschen. Wie wir! Wir sind es, die nach Drogen süchtig sind, die lügen, stehlen, onanieren, rauben und morden. Wir sind es, die an Minderwertigkeitskomplexen und Depressionen leiden und von falschem Ehrgeiz zerfressen sind. All dies käme einem echten Yequana nicht in den Sinn – und wenn doch, dann ist er kein echter Yequana mehr, dann hat er bereits eine Zeit lang in den Städten an den Rändern des Tropenwaldes gelebt und ist mit der unsrigen kranken Welt infiziert worden.

Das alles und noch viel mehr Rousseauschen Unsinn behauptet Liedloff. Trotzdem hat ihr Buch Pädagogikgeschichte geschrieben. Meteoritenartig schlug es in den stressgeplagten Großstädten der westlichen Hemisphäre ein. Man könnte fast sagen: Nach dem Buch war es für die akademische Mittelschicht niemals wieder so wie vor dem Buch. Plötzlich sah man in deutschen und amerikanischen Großstädten Heerscharen von Frauen, die ihre Babys in Tüchern trugen und auf Verlangen stillten. Denn Kinderwagen und Milchfläschchen erzeugen ja „asoziale" Wesen.

Die Figur des zivilisationskritischen Yequana hatte in der euroamerikanischen Welt gefährliche Auswirkungen. Es gab Frauen, die sich umbringen wollten, weil sie sich nach der Lektüre so unglücklich fühlten. Ihre Kinder waren längst erwachsen geworden und sie glaubten, alles falsch gemacht zu haben. Der größte Fehler: Sie hatten ihre Kinder der Hölle der westlichen Erziehung ausgesetzt. Diese Frauen hielten den Gedanken nicht aus, dass ihre Kinder deshalb Drogen konsumieren oder depressiv oder schwul geworden waren, weil sie nicht getragen und so selten gestreichelt wurden.

Mir erging es ähnlich. Ich las das Buch das erste Mal mit siebzehn und war begeistert. Nur allzugern saß ich dem Konzept des edlen Wilden auf. Dann las ich es ein paar Jahre später abermals. Ich war Anfang zwanzig und gerade schwanger geworden. Jetzt hatte das Buch eine fatale Wirkung auf mich. Ich fühlte mich nach der Lektüre miserabel. Meine ganze „Gefriertruhenkindheit" kam hoch und ich nahm mir vor, es bei meinem Sohn ganz anders zu machen. Ich stillte ihn nach Verlangen, egal ob auf der Couch oder in der öffentlichen U-Bahn. Dadurch kam ich aber in einen Konflikt mit meiner andersgeprägten Umwelt.

Insbesondere so eine gewisse Sorte älterer Damen fiel immer schier in Ohnmacht, schüttelte die Köpfe oder ließ Schimpftiraden von sich, wenn ich in der U-Bahn anfing, ihn zu stillen. Es waren jene, welche die Haare kurz trugen und sich mit beigen Gesundheitsschuhen und knielangen Stoffröcken kleideten, weil sie annahm, so müsste man sich als ältere Frau kleiden, um bloß nicht aufzufallen. Ich hatte damals, es war Anfang der Neunziger, einen richtigen Zorn auf diese älteren Damen, bis ich begriff, dass diese Frauen in der Vormedienzeit groß geworden und visuell eben nichts gewohnt waren, zumindest keine echten nackten Brüste in öffentlichen Verkehrsmitteln. Die gehörten – wenn schon – in Sexheftchen für Männer.

Ich war so angetan von den Yequana, dass ich mir ein Flugticket nach Venezuela besorgen wollte. Ich hatte vor, die Yequana mit meinem Sohn zu besuchen.

Aber dieses Vorhaben scheiterte an meiner panischen Angst vor Infektionskrankheiten. Die Yequana, so stand es in meinem Reiseführer, lebten in einem von der Malariamücke verseuchten Gebiet! Misstrauen regte sich. Und das sollte ein Paradies sein? Wie kann Liedloff eine Waldwelt als Paradies beschreiben, wenn dort die Malariamücke unzählige Todesopfer fordert?

Viele Jahre später, mein Sohn beendete inzwischen die Grundschule, meine Tochter war gerade abgestillt, ich hatte mein Studium der Kulturwissenschaften und Archäologie abgeschlossen, da fiel mir das Buch beim Ausmisten wieder in die Hände. Wie immer berührte mich als erster Impuls das Umschlagbild. Es zeigt Liedloff umringt von Yequanakindern, die – diesmal schaute ich genauer hin – gar nicht so glücklich aussahen.

Ich glaubte längst nicht mehr an den Mythos vom Paradies und begann nach anderen schriftlichen Quellen über die Yequana zu suchen.

Ich wurde fündig: Die Yequana, oder auch Marquiritare, siedeln in Amazonien im Quellgebiet des Orinoco auf venezolanischer Seite zur brasilianischen Grenze hin zwischen den Flüssen Merewari, Ventuari und Padamo. Sie sprechen karibisch und sind hervorragende Boots- und Häuserbauer, Jäger, Pflanzer und Sammler.

Forschungsreisende, Ethnografen und Missionare wie Robert Hermann Schomburgk (1841), Theodor Koch-Grünberg (1923), Nelly Arvelo-Jimenez (1971), Bruder Francois von den „Kleinen Brüdern" und der katholische Missionar de Barandiarán hatten lange Zeit vor Liedloff die Yequana besucht. Ihre Notizen lasen sich ganz anders. Von einem Garten Eden erzählen sie nichts. Dafür berichten sie von rauschenden Besäufnissen mit Maniokbier, barbarischen Initiationsriten, Brandwunden auf zarter Kinderhaut, willkürlich beigefügten Verätzungen der Netzhaut, Folter pur. Töchter und Söhne wurden ausgepeitscht, mit Dornen gepiesackt und mussten sich an einen Pfahl stellen, wo die Väter sie ermahnten, eine fleißige und gehorsame Dienerin des Mannes oder ein williger Knecht der Älteren zu sein. Die Haut vieler Erwachsener ist mit Narben übersät und nicht selten verlor der Initiant bei derartigen Torturen sein Leben. Initiationsriten waren in vielen vorschriftlichen Gesellschaften die Norm. Topografisches und soziales Wissen wurde Kindern durch Schmerz weitergereicht. Peitsch, peitsch! Da ist die Stromschnelle! Brenn, brenn! Da der Hügel, der Berg, die Quelle, die Flussmündung! Ätz, ätz! Da ist deine Familie, sei fleißig und gehorsam!

Durch diese Folter wurde den Kindern das Gesetz der Gruppe eingeätzt. Die Yequana zahlten also einen hohen Preis dafür, keine Individualisten zu werden.

Natürlich ist Liedloff niemals Augenzeugin einer Initiation geworden. Diese fanden klammheimlich und weitab der Gruppe im Tropenwald statt.

Liedloff hat alle in die Irre geführt: Der Fetisch der Liebe war nicht die Baumwollbinde, sondern – überspitzt ausgedrückt – die Folter.

Wer wissen will, muss Tortur erleiden. So erging es schon Adam und Eva. Das Liebespaar biss in den Apfel der Erkenntnis, erkannte, dass es nackt war, und wurde von Gott aus dem Paradies vertrieben. Nur körperlich durfte der Mensch Gottes Ebenbild sein. Nur wissen, was er, der große Gott, an Wissen billigt. So funktionierten oftmals die sogenannten Stammesgesellschaften, so funktionieren heute noch totalitäre Regimes und strikte Familienclans – man darf nur wissen, was die Eltern oder Alten wollen. Die Alten, das sind die Götter, die Dorfältesten, die Schamanen, die Könige, die Fürsten, die Bosse, die Väter, die Mütter. Wie komplex, also menschlich, doch die Yequana drauf waren. Welche Yequana jetzt? Die von Liedloff oder die von den anderen? Tja, wer es wissen will, muss wohl doch zu ihnen fahren und ein bisschen mit ihnen quatschen.

Was ist so reizvoll an kolonialer Literatur?

Wir brauchen immer etwas, an das wir uns klammern können. Bestenfalls ist es das schon von Kindheit an Vertraute. Wir verwechseln daher oft die Tatsachen unserer Kindheit mit endgültigen Erkenntnissen und Wahrheiten. Für den Philosophen Richard Rorty ist unser Beharren auf wie auch immer geartete Leitbilder und fadenscheinige Erkenntnisse nichts anderes als „das Bedürfnis nach Einschränkung – das Bedürfnis nach Fundamenten, an denen man sich festklammern kann, Rahmen, über die man nicht hinaus irren kann, Gegenstände, die sich uns aufnötigen, Darstellungen, die nicht bestritten werden können."[7]
Bestritten werden können – weil wir diese Erkenntnisse mit einer großen Masse Menschen teilen und daher glauben, sie seien wahr und müssten für alle Menschen gelten.

Wenn wir daher kulturell fremden Lebensweisen begegnen, die uns beunruhigen, weil wir sie nicht zu deuten vermögen, erfüllen die Stereotype edler und böser Wilde wenigstens das Bedürfnis danach, sich an etwas festklammern zu können, das uns die fremden Menschen zwar nicht erklärt, die Beunruhigung, die sie in uns wecken, aber abmildert.

Jetzt verstehen wir vielleicht, weshalb die Kolonialliteratur, die um 1900 die deutschen Buchmärkte überschwemmt hat, durchspickt war mit Horrorschilderungen und Gräueltaten über und von den bösen Wilden. Mit detaillierten Schilderungen von Menschenfresserattacken und Kopfjagden, die diese Schreckgespenster auf die armen deutschen Kolonialisten in Übersee verübt haben. Und wir verstehen auch, warum die Daheimgebliebenen derartige Texte schier verschlangen: Die Kolonialromane teilen die Welt nicht nur in gut und böse ein, sodass vor dem Hintergrund des bösen Wilden die heimatliche Kultur in strahlendstem Lichte erglänzt, sondern sie wecken auch das fadenscheinige Bedürfnis, die kulturell Fremden zu zivilisieren. Deshalb wird Corinnes Buch auch gerne als Kolonialliteratur bezeichnet. Natürlich mit Kuschelcharakter.

Die richtige Kolonialliteratur war alles andere als kuschelig. Sie war durchspickt mit „authentischen" Horrorschilderungen, die natürlich stets von der indigenen Bevölkerung begangen wurden.

Diese paradoxen Schilderungen, welche die eigenen Gräueltaten ausblendeten, hatten auch therapeutische Gründe. Man muss wissen: In der deutschen Kolonie Westafrika wie auch in der Südsee waren deutsche Strafexpeditionen ins Dschungelinnere üblich, um aufrührerische Herero oder Melanesier auszurotten. Auszurotten! Wirklich ein hässliches Wort, aber es trifft die Sache leider im Kern.

Mit welcher Brutalität und Menschenverachtung die deutschen Kolonialisten und Siedler gegen die Herero vorgegangen sind, wissen wir bereits. Aber dass es in der Südsee genauso brutal zugegangen ist, wird gerne verschwiegen. In der Studie *Der Hauptzweck ist die Tötung von Kanaken. Die deutschen Strafexpeditionen in der Kolonie Südsee 1872-1914* aus dem Jahre 2005 widmet sich der Ethnohistoriker Alexander Krug 2005 der interkulturellen Begegnung zwischen Einheimischen und deutschen Kolonialisten.

Es lässt einen erschauern, was er über die Hetzjagten und Ermordungen der einheimischen Menschen durch unsere Vorfahren herausfindet. Noch schauerlicher ist aber, dass in den damaligen Kolonialzeitungen stets die Gräueltaten der Melanesier aufgelistet werden.

Mal beschämt gefragt: Bin ich naiv, weil ich es für schauerlich halte? Oder plemplem, weil ich da im historischen Bluttopf herumrühre? Mir geht es überhaupt nicht um Schuldzuweisungen, womöglich hätte ich in jener Zeit auch eine „Kolonialtussi" abgegeben, die so gerne ein Stück Land in den Tropen besessen hätte und dafür eben auch über Leichen gegangen wäre. Mir geht es um das Aufzeigen von Mechanismen und Haltungen, die bis heute Gültigkeit haben.

Warum haben die Kolonialisten und Siedler ihre eigenen Schandtaten so schön vertuscht und dafür die der Einheimischen mit Trompetenschall verkündet?

Erstens, weil sie natürlich bei den Daheimgebliebenen den Eindruck erwecken wollten, für einen guten Zweck in die Kolonie gegangen zu sein. Es ging darum, den dortigen „wilden Dschungelvölkern" und „Steinzeitmenschen" zivile Werte beizubringen, sprich: Manieren, Frieden, deutsche Bildung, deutsches Pflichtbewusstsein.

Zweitens, die permanente Auflistung indigener Schreckenstaten spiegelt auch noch etwas ganz anderes wider. Die grandiose Bedrohung, denen sich die Kolonialisten tagtäglich ausgesetzt fühlten. Die ersten Gemetzel, die auf die europäische Entdeckungsphase gefolgt waren, forderten schließlich auf beiden Seiten Todesopfer. Diese haben sich ins kollektive Gedächtnis der Kolonisateure eingegraben. Manche fühlten sich daher von der Angst vor den indigenen Menschen schier paralysiert. Die moralischen Anklagen, die sich durch die gesamte Kolonialliteratur ziehen, verraten das blanke Entsetzen vor dem eigenen Gewaltpotenzial und vor dem Gewaltpotenzial der „Eroberten". Ihr Zweck war also therapeutischer Natur. Der Schreckensentwurf des bösen Wilden als Projektionsfläche für das eigene Böse! Und als Pfropfen, der die Ängste vor dem eigenen Gewaltpotenzial unter Verschluss hält! Wie genial!

Manche Ethnologen glauben heute, die ausbeuterischen und brutalen Strategien der Kolonialakteure, des Militärpersonals und der Siedler und Händler hätten erst die tribalen Kriege entfacht. Wie unrealistisch auch wieder diese Vorstellung, in vorkolonialen Zeiten habe nur Friede, Freude und Eierkuchen geherrscht! Gewalt und Krieg sind universelle menschliche Phänomene.

Exkurs: Wie die Weltkriege unsere Perspektive auf tribalen Krieg und den „Wilden" veränderten

Der Erste Weltkrieg in Europa war nicht nur eine gesellschaftliche Zäsur, er veränderte auch den Blick auf Kultur und die Kriegsführung außereuropäischer Völker. Das lässt sich gut am Beispiel der Kulturtheoretiker Leo Frobenius und Karl Weule zeigen. Frobenius konstruierte durch die Schreckenserfahrung des Krieges seine Kulturmorphologie. Alle Kulturen, egal ob die großen Hochkulturen oder kleine „Dschungelvölker", so glaubte er, würden wie das menschliche Leben erst jugendlich erblühen, dann reifen und nach einem langen Erhaltungsprozess sterben. Es gab endlich eine gemeinsame Basis, die alle Völker – egal welche Götter, Sprachen und Gepflogenheiten sie die ihrigen nannten – zu teilen schienen: den organischen Reifeprozess zum Tode hin.
Die Idee der Kulturmorphologie hatte große Auswirkung auf die Geschichtsphilosophie. Oswald Spengler veröffentlichte nach dem Ersten Weltkrieg sein berühmtes Werk *Der Untergang des Abendlandes* (1918). Darin vergleicht er vergangene und gegenwärtige Kulturen mit Riesenpflanzen, die noch frisch und unbedarft aus der Muttererde schießen und reifen, bis sie in ihrer Hochblüte einen absoluten Grad an Zivilisation erreicht haben, den sie aber nicht einhalten können. Angesichts ihres Unterganges verzetteln sich die Zivilisationen noch in Vernichtungskriege, bevor sie verwelken. Dieser organische Prozess ist für ihn das Schicksal jeder Hochkultur; auch die euro-amerikanische Zivilisation wird eines Tages – wie schon die griechische, römische oder aztekische –

nur noch Schutt und Asche sein, woraus eine neue Kultur entstehen wird.

Karl Weule hingegen, geschockt von den „edlen Regungen" und „brutalen Instinkten", die der Erste Weltkrieg in vielen Menschen geweckt hat, glaubt, diese Instinkte zwar auch bei den indigenen Völkern zu erkennen, verortete ihre Kriegstechniken aber auf einer niedrigeren, weniger ausgefeilten und technisierten Entwicklungsstufe. In seiner Monografie *Der Krieg in den Tiefen der Menschheit* (1916) konstruiert er ein evolutionistisches Stufenschema der Kriegsführung. An oberster Spitze prangt der Erste Weltkrieg mit seinen Stellungskriegen im Schützengraben und ganz unten die tribalen Kriege.[8]

Im angloamerikanischen Raum beschäftigte man sich nach den desaströsen Erfahrungen des Weltkrieges immer ernsthafter mit den tribalen Kriegen. Durch die Erfahrung des Ersten Weltkrieges herrschte der Konsens vor, nur „zivilisierte" Völker seien zu wahrem Barbarentum fähig, alle anderen würden nur scharmützeln.

1915 analysierten beispielsweise die Ethnologen Hobhouse, Wheeler und Ginsberg die ethnografischen Daten von 298 Jäger-, Wildbeuter- und Pflanzer-Gesellschaften zu Krieg und steuerten aus den umfangreichen Daten erste Hypothesen zur Kriegsbereitschaft bei.

Von allen 298 untersuchten Ethnien, so folgern sie aus den Daten, leben nur 13 friedlich. Bei den von der Jagd lebenden Gesellschaften sei die Kriegsbereitschaft besonders hoch gewesen und nur sieben von 56 Ethnien hätten friedlich gelebt. Je höher die technische Entwicklung gewesen sei, umso höher sei auch die Bereitschaft gewesen, Kriegsflüchtlinge als Sklaven zu halten oder zu töten.[9]

In der euro-amerikanischen Kulturbetrachtung prägte sonst der Evolutionismus die Ideenwelt. Evolutionstheoretiker teilen alle kulturellen Äußerungen in Entwicklungsstufen ein. Die höchste Stufe prägt dabei die moderne Industriegesellschaft, aus der sie selber stammten. Problematisch ist neben der Vorstellung von niedrigeren und höheren Kulturen die eurozentrische Perspektive, die einem den Blick darauf verstellt, wie komplex die gesellschaftlichen und technischen Errungenschaften anderer Kulturen wirklich sind. Man denke nur an die arabische Ornamentenvielfalt, an die indischen Textilien, an die fernöstliche Philosophie, an Samurai und Schattentanz.

Einer der berühmtesten Evolutionstheoretiker war der englische General und Archäologe Lane-Fox Pitt-Rivers. Er sammelte neben empirischen Daten über Kriegstechniken auch Waffen und Ausrüstungen, die er in Museen nach dem evolutionstheoretischen Stufenmodell präsentierte.

Alles schön der Reihe nach, paläolithische Faustkeile vor neolithischen Steinäxten, indianische Bögen vor mittelalterlichen Armbrüsten, zuletzt englische Militärrepetiergewehre.

Die Erfahrung des Zweiten Weltkrieges verschärfte die These, tribale Kriege seien an Brutalität niemals vergleichbar mit eigenen Kriegen.

Hinzu kam, dass die Missionare und Ethnografen erste Berichte über die sogenannte regulierte Schlacht publi-

zierten. Und die unterschied sich wahrlich von den Schlachten der Europäer.
Denn es gab keine Generäle, beide Kriegsparteien strebten gleiche Todesopfer an, kämpften mit den gleichen Waffen und wenn die Dunkelheit einbrach oder man Hunger verspürte, brach man den Kampf einfach ab.
Aber viel mehr noch: Während auf dem Schlachtfeld die Männer kämpften, trieben die Frauen beider Parteien am Rand des Feldes Kleinhandel mit Früchten, Muschelketten oder anderen Erzeugnissen aus ihren Gärten Handel.
Niemals, so steht es in den Berichten, explodierte ein blutrünstiger gegenseitiger Vernichtungswille und ließ Köpfe fliegen, sondern die Schlacht wurde von einem statischen Regelwerk gezügelt, das die fremden Betrachter eher an eine Partie Schach oder ein Sportevent erinnerte. Die Aufstellung der Feindesparteien wurde oft als in die Tiefe gestaffelte Linie beschrieben, wobei die Unterteilung der Linien nach Waffengattungen erfolgte. Dass man sich zur Schlacht aufstellte, wusste man ja. Schließlich kannte man ja auch die antiken Formationen der griechischen Truppen gegen die Perser bei Salamis aus dem Geschichtsunterricht.
Am erstaunlichsten war, dass auf die vereinzelten Duelle, die selten zu lebensbedrohlichen Verletzungen geführt haben, Unterbrechungen folgten. Die Kampfhandlungen wurden unterbrochen, wenn es zu heiß wurde oder wenn die Dämmerung über dem Schlachtfeld hereinbrach. Die Unterbrechungen konnten sogar mehrere Tage dauern, wenn beispielsweise nicht mehr genug Nahrungsmittel für die Kämpfenden vorhanden waren. Aufgabe der Frauen war vielerorts die Sorge für Nachschub und Logistik.

Diese Koexistenz von Krieg und Handel verblüffte die ersten Reisenden und Missionare aus Europa. Geprägt von den großen Kriegsschlachten wie Verdun oder Stalingrad, in denen mit den Gegnern kurzer Prozess gemacht wurde, erschien ihnen die tribale Schlacht wie ein vergnügliches Sport-Spektakel.

Der heimliche Überfall hingegen war grausam und von Tücke geprägt.

Die deutschen Kolonialtruppen, die in die Wälder der Südsee patrouillierten, hatten mit heimlichen Überfällen auf sie natürlich Erfahrung.

Aber für die Missionare eine Generation später waren heimliche Überfälle nur schwer zu beobachten, weil sie meistens im Morgengrauen durchgeführt wurden und die Einheimischen verständlicherweise selten europäische Zuschauer dabei haben wollten. Dank indigener Informanten und einigermaßen sachlich gehaltener Kolonialliteratur konnten vom heimlichen Überfall vier Varianten für Neuguinea überliefert werden.

Zum heimlichen Überfall gehörten Verratsfest, Hinterhalt, Überfall auf Einzelpersonen und nächtlicher Überfall auf feindliche Lokalgruppen. Beim Verratsfest wurden Mitglieder einer anderen Lokalgruppe unter dem Vorwand einer Feier oder Friedensverhandlung eingeladen. Zweck dieser Einladung war aber nicht die freundschaftliche Bewirtung, sondern die Tötung der Gäste aus Rache beispielsweise für die Toten aus einem früher verlorenen Krieg.

Hinterhalt und Überfall auf Einzelpersonen werden der Guerillataktik zugeordnet. Typisch für einen Guerillakrieg ist, dass Kinder oder Frauen nicht geschont werden. Auch in Papua-Neuguinea zielte der heimliche Überfall darauf ab, bei minimalen eigenen Verlusten möglichst viele Feinde zu töten. Er war die häufigste Kriegstaktik in Neuguinea und Amazonien. Keine Taktik forderte mehr Todesopfer.

Die Berichte über den heimlichen Überfall ähneln sich meist bis ins Detail. Der heimliche Überfall fand meist im Morgengrauen auf die schlafenden Feinde statt. Vorab sendete man Späher ins feindliche Dorf aus, um die Stärke der Feinde auszukundschaften bzw. Risiken einzuschätzen. Zuerst verrammelte man vor den anderen Behausungen das Männerhaus (Schlafstätte der potenziellen Gegner) und setzte es in Brand. Da die hochrangigsten Personen eines Dorfes oft im Männerhaus nächtigten, hofften die Angreifer, sie zuerst auszulöschen. Den Männern, die aus ihren brennenden Behausungen flüchteten, versperrte man die Fluchtwege und Rückzugsmöglichkeiten. Auch die Kinder und Frauen, die dem Feuertod zu entrinnen versuchten, verschonte man nicht. Denn das höchste Ziel war die komplette Tötung aller Bewohner.[10]

Weil der Überfall heimlich stattfand und nur die regulierte Schlacht westliche Beobachter duldete, beschrieben die ersten Berichterstatter tribale Kriege als harmlose Scharmützel und tänzerische Spielerei liebenswerter Leute.[11]
Der Ethnologe Bronislaw Malinowski, der den Gabentausch bei den Trobriandern studiert hat, schreibt über das Ende einer ritualisierten Schlacht, es habe kein Blutvergießen gegeben. Die Besiegten hätten einfach ihr Dorf verlassen, um in einem anderen Distrikt weiterzuleben.[12]

In seiner Studie *War before civilization* bedauert der Archäologe Lawrence Keeley zutiefst, dass die Ethnologen jener Epoche mit wenig scharfem Verstand die heimlichen Überfälle und Hinterhalte beobachtet haben. Sonst hätten sie sie nicht als unkoordinierte und planlose Aktionen beschrieben, sondern ihre taktische Ausgefeiltheit erkannt.[13]

Erst ab 1960 begann man, tribale Kriege ernst zu nehmen. Man betrachtete sie nicht mehr als marginales Phänomen, sondern wollte, da sich nun auch bisher schwer zugängliche Forschungsregionen wie Amazonien oder das Hochland von Papua-Neuguinea geöffnet hatten, endlich empirische Daten sammeln. Aber noch immer herrschte das Primat, der tribale Krieg sei harmlos. Erst die Schreckensberichte aus dem Vietnamkrieg gaben diesem Irrglauben den Todesstoß, weil man begriff, dass die Guerillatechniken der Nordvietnamesen alles andere als harmlos waren.

So erschienen vor dem Hintergrund des Vietnamkrieges eine Reihe ethnografischer Berichte, die sich den indigenen Guerillatechniken widmeten. Merkwürdigerweise schossen die Autoren aber in ihren Schilderungen wieder 500 Jahre zurück: Die Kriegstechniken der kulturell Fremden wurden wieder in der Tradition Hobbes' beschrieben. Als böse, anarchische Wilde. Napoleon Chagnons Kulturporträt über die amazonischen Yanomami in*The Fierce People* (1968) ist das berühmteste Beispiel hierfür aus Amazonien. Das im nächsten Kapitel vorgestellte *Blood is their Argument: Warfare among the Mae Enge Tribesmen of the New*

Guinea Highlands von Meggitt (1977) das berühmteste aus Papua-Neuguinea.

Obwohl der Ethnologe Paul Radin bereits 1933 vor dem irreversiblen Bild gewarnt hatte, das Ethnologen durch ihre Publikation zulasten einer Kultur prägen, passte sich so manche ethnologische Studie dem Zeitgeist an und verteufelte tribale Kriegspraktiken durch moralische Bewertungen. Beispielsweise Frank Keitsch, der 1966 in Tübingen unter Thomas S. Barthel mit seiner Doktorarbeit *Formen der Kriegsführung in Melanesien* promovierte. Man staune: Er bezog das Material für seine Doktorarbeit ausschließlich am Schreibtisch aus dem deskriptiven Material von Kolonisatoren, Missionaren und Ethnologen, die sich zwischen 1852 und 1965 in Melanesien aufgehalten hatten. Hätte Keitsch doch nur einen Blick in die Kolonialrundschauen jener Zeit geworfen und sich ein bisschen mit den Strafexpeditionen deutscher Kolonialisten in Melanesien angewärmt, dann wäre er vielleicht sachverständiger an seine Arbeit herangegangen. Aber vom bösen Wilden besessen, schreibt er im Kapitel über „Foltern und Quälereien" über die Gräueltaten der Melanesier: „In den oft bestialischen Foltern, denen die Melanesier ihre Gefangenen aussetzten, zeigt sich eine Grausamkeit, die sich nur durch die mangelnde Fähigkeit des Menschen, fremden Schmerz und fremdes Leiden nachzuempfinden, erklären lässt. (...) Sie (die Kriegsopfer) wurden entweder den adligen Jungen überlassen, die an ihnen ihre Begabung zum Quälen ausprobieren durften, oder man warf sie in betäubtem Zustand in heiße Öfen und weidete sich an ihren Qualen, wenn sie wieder zu sich kamen, da Hitze und Schmerz sie fast wahnsinnig machten."[14]

Diese pejorative Werthaltung steht nicht nur paradigmatisch für seinen Gesamttext, sondern eben auch für die Vielzahl vieler ethnografischer Studien aus den 1960ern.

Dann wieder eine Wende, vielleicht den Blumenkindern geschuldet. Der böse Wilde verschwand hinter dem Vorhang und machte dem edlen Wilden Platz auf der Bühne. Viele indigene Ethnien wurden als friedlich betrachtet und rückten in den 1970ern plötzlich ins Zentrum des ethnologischen Forschungsinteresses. Als vorzeigewürdige Idealgesellschaften bezeichnet beispielsweise Ashley Montagu 1978 in seinem Sammelband *Learning non Aggression. The experience of non-literate societies* die Inuit der kanadischen Arktis, die Mbuti Pygmäen Zentralafrikas, die Bewohner Tahitis und die malayischen Semai, denen das Kapitel gewidmet ist.

500 Jahre nach Hobbes zerbrechen sich Anthropologen und Soziobiologen noch immer den Kopf darüber, wie das Naturwesen des Menschen beschaffen sei.
Zahlreiche Publikationen über das Verhalten von Primaten eröffneten ab den 1980ern ein neues Diskursfeld zur Frage nach dem Naturwesen des Menschen. Menschen teilen mit Schimpansen ca. 98 % ihres Erbgutes, daher müsste man von dem Verhalten der Schimpansen auf das Verhalten der Menschen im unzivilisierten Naturzustand schließen können, so die Argumentation der Primatologen. Die Krux dabei ist: Auch zwischen Mäusen und Menschen soll es genetisch betrachtet kaum Unterschiede geben, bloß dass die Maus körperlich total anders aussieht. Wäre es aber nicht absurd, deshalb vom Verhalten der Mäuse auf menschliches Verhalten zu schließen? Und kann sich der Mensch nicht außerdem

seines Verstandes bedienen, Willensentscheidungen für oder gegen ein Verhalten fällen? Und ist der Mensch an schöpferischer Leistung den Primaten nicht haushoch überlegen? Oder hat jemand jemals einen Schimpansen beim Tüfteln einer Kathedrale oder Mondrakete gesehen? In soziobiologischen Kreisen wurde trotzdem gerne am Beispiel von Schimpansen auf den bösen oder edlen Menschen im Naturzustand geschlossen. Rousseau hätte dabei gewiss seinen Spaß gehabt, denn er war sich der Fiktionalität seiner Thesen wenigstens bewusst.

Keine Idee, Thesen und Werke entstehen aus sich alleine heraus. Jedes Theoriegebäude und Kunstwerk baut auf dem vorherigen auf und ist mit sozialen und politischen Strömungen verknüpft. Daher kann keines für sich beanspruchen, der „wahren Erkenntnis" am nächsten zu sein. Das gilt auch für den eigenen kulturellen Kompass, mit dem wir durch unser Leben navigieren und an dem wir andere Kulturen messen.

Wie man aus Menschen Wilde macht

Michael J. Leahys horriblen Eindrücke aus dem Wagi-Tal im Hochland von Neuguinea 1930-35

„Hier herrscht ewiges Frühlingsklima und in diesem nach allen Seiten hin offenen Land leben Steinzeitmenschen, deren Bewaffnung, Werkzeug, Schmuck und Reaktionen mich während unseres Erstkontaktes mehr faszinierten, als das erste Flussbett voller Goldkiesel", beschreibt der Goldsucher Michael Leahy in seinem Reisebericht *Exploration into Highland New Guinea 1930-35* die bergige Tropenwaldlandschaft hinter der Küste von Edie Creek auf Papua-Neuguinea.[15]

Geboren 1902 in Queensland, Australien, arbeitete Michael J. Leahy als junger Mann gerade in Townsville als Holzfäller, als er 1926 von den Goldfunden bei Edie Creek an der Küste Papua-Neuguineas hörte. Wie elektrisiert ließ er seinen Truck voller Holzstämme einfach am Straßenrand stehen und beschloss, Goldsucher zu werden. Binnen kurzer Zeit startete er gemeinsam mit seinen Brüdern Dan, Patrick und James sowie dem Regierungsbeamten Jim Taylor eine Expedition nach Neuguinea.

Da die Küste von Edie Creek bereits mit Goldsuchern überfüllt war, wollte er sich auf die Suche nach der Quelle des verheißungsvollen Flusses machen. So durchwanderte er die Bergwelt Neuguineas, die davor noch kein Europäer oder Australier betreten hatte. Finanziert wurde seine Expedition von der australischen Kolonialverwaltung. Ihr war nach dem Ersten Weltkrieg vom Völkerbund das Mandat zur treuhänderischen Verwaltung von Papua-Neuguinea in die Hände gefallen. Als die Goldfunde von Edie Creek bekannt wurden, schickte sie zahlreiche Expeditionen los. Diese Expeditionen waren bisher – im Irrglauben der Kolonialakteure, das Inselinnere sei menschenleer – nur in einen kleinen Teil des gebirgigen Hinterlandes in Küstennähe vorgedrungen. Die Ethnologin Sabine Künsting schreibt über das menschleer gedachte Inselinnere, es habe von der Küste aus wie ein massiver, undurchdringlicher Gebirgsblock gewirkt, der sich in der Mitte zuspitzt.[16]

Leahy, von der Gier nach Gold getrieben, drang immer tiefer ins grünbewaldete Innere der Insel vor. Die Vorstellung, jenseits des Gebirgsblocks gäbe es keine Menschen, entpuppte sich schnell als fabulös. Leahy marschierte von einem fruchtbaren Hochlandtal ins nächste und kam aus dem Staunen nicht mehr heraus: Die Täler waren nicht nur paradiesisch anzusehen, sondern auch zahlreich bevölkert mit Menschen, die davor noch keine „Weißen" gesehen hatten. Es war wie ein Wunder: der Strom „viriler, steinzeitlicher Pfeil-und-Bogen-Krieger" riss nicht mehr ab. Das Innere der Insel war dichter besiedelt als das australische Outback oder die europäischen Alpen. Historisch betrachtet, waren diese Momente der Erstkontakte von gleicher Absolutheit wie die Erstkontakte zwischen den Bewohnern der westindischen Inseln und den Spaniern, aber Leahy ist trotz seines fantastischen Reiseberichtes der europäischen Nachwelt kaum bekannt. Das trifft jedoch nicht auf Australien zu. Hier gilt Leahy als Entdecker, wenn auch inzwischen als sehr umstrittener.

Zuerst durchstreifte Leahy das Wagi-Tal im südlichen Teil der Insel.
Jeden Tag stieß er auf unbekannte Menschengruppen. In seinem Tagebuch wundert er sich mehr noch als über das Aussehen, den Schmuck und die Bekleidung der „Steinzeitmenschen" aus dem Wagi-Tal über die vielen Männer mit ausgestochenen Augen. Er begründet die Verletzungen mit den ständigen Kämpfen der Inselbewohner und klärt den Leser in *Exploration into Highland New Guinea 1930-35* in Hobbes'scher Manier gleich darüber auf, dass es für diese Krieger die natürlichste Sache der Welt sei, menschliches Fleisch zu verzehren. Krieg und Kannibalismus sind zwei wirksame Schlagwörter, die jedem Leser einen Schauer über den Rücken jagen.

Die Reaktion der kriegerischen Einwohner auf die australischen Expeditionsmitglieder scheint da mehr als verwunderlich. Denn bei welcher Ethnie Leahy auch immer auftauchte, die Reaktion seitens der „Entdeckten" war stets dieselbe – extrem große Angst.[17]
Leahy hingegen fand die Schreckreaktion der Papuas amüsant. Immerhin hatte er nach den ersten Begegnungen eine ungefähre Ahnung davon, welche Menschen die Insel bevölkerten. Und außerdem führte er ein gewaltiges Waffenarsenal mit sich. In die unwegsamsten Täler flog er beispielsweise mit einer Propellermaschine ein.

Der erschütterndste Augenblick im Leben der damaligen Mbowamb war gewiss jener, als Leahy am 4. April 1933 am Mount Hagen mit ohrenbetäubend lauten Triebwerkstönen landete. Verängstigt und händeringend warfen sich die Mbowamb auf den Boden, schreibt er. Die Frauen fassten sich vor Hysterie und Erschütterung an die Brüste. Einige ließen Kot ab.
Leahy, der Pilot und der Rest der Truppe stiegen betont cool aus und ermutigten die aufgebrachten Menschen, die noch warme Flugmaschine anzufassen und sich von ihrer Ungefährlichkeit zu überzeugen.[18]
Sie waren selbst bewaffnet und kannten ihr Gelände besser als Leahy, was genau also erschütterte die Einheimischen derart?
Edward L. Schieffelin, der 1999 in seiner Studie *Like people you see in a Dream* die Erstkontakte in sechs papuanischen Gesellschaften analysiert, weist darauf hin, dass der existenzielle Schock, der als die erste Reaktion nach der Konfrontation mit dem radikal Anderen gilt, dramatischer ist, wenn die Konfrontation im Bewusstsein der eigenen Unterlegenheit gegenüber dem Anderen stattfindet.
Daher war der Moment des Staunens bei Leahy und seinen Expeditionsmitgliedern nicht so markerschütternd, wie auf Seiten der indigenen Bevölkerung. Er rechnete damit, im Inselinneren menschliches Neuland zu betreten.

Die Einheimischen hingegen erlitten das, was Schieffelin als den „raw shock of Otherness" bezeichnet – einen existenziellen Schock angesichts fremdartigen Menschseins.

Dieser Schock birgt ein großes Verunsicherungspotenzial. Er erschüttert nicht nur die Vorstellungen, die man über das eigene Menschsein hat, und raubt den eigenen Kulturwerten ihre Wichtigkeit, sondern er relativiert auch die eigenen kosmologischen Vorstellungen. Kulturen sind dynamische Gebilde, die sich fortwährend neu transformieren.

Allen Erstkontakten zwischen Europäern und indigenen Menschen war es eigen, dass der Kontakt zu gravierenden kulturellen Transformationen auf beiden Seiten geführt hat. Die waffentechnische Überlegenheit, der Entdeckerwille und die Raubmotivation waren es allerdings, die den Europäer stets glimpflicher davonkommen ließen. Geschichtsspekulanten glauben: Hätten die indigenen Menschen bessere Waffen besessen, würde in den Geschichtsbüchern ein ganz anderer Text stehen. Nicht vom Tisch zu weisen ist allerdings, dass es eben nicht die Kariben oder Arawak waren, die 1492 den weiten Weg übers Meer gewagt haben, sondern die Spanier. Dies dank ihrer fortschrittlicheren Schifffahrtstechnik, die seit der mediterranen Antike stetig weiterverifiziert wurde. Effizientere Technik und Eroberungswille sind stark miteinander verzahnt. Es kam im Falle Leahys aber noch etwas anderes zu seinen Gunsten hinzu: Sein einheimischer Träger Joe schildert die Erstbegegnung mit Leahy und seinen Männern als beunruhigende Niederkunft himmlischer Wesen, die man nicht töten durfte, da sie sonst in den Himmel zurückkehren würden, um von dort alle Erdlinge auszulöschen.[19]
Daran ist zu erkennen: Der Erstkontakt mit den weißen Australiern überforderte die Einheimischen, weil er ihr

Weltbild und ihre Konzepte des Menschseins sprengte. Der erste Impuls war, die weißen Eindringlinge als wiedergekehrte Ahnen in ihre Kosmologie einzuordnen. Damit hatten die Goldsucher erst einmal einen großen Vertrauensvorsprung bei der indigenen Bevölkerung. Man zeigte ihnen Respekt, den Leahy und seine Männer mit Naivität und Unterordnung verwechselten.

Abgesehen von ihrer Waffenüberlegenheit und der Raubmotivation wirkten Leahy und seine Männer auf die Einheimischen also noch in weiterer Hinsicht erschütternd. Sie wurden nicht nur als menschen-gestaltige Retransformation der Ahnen betrachtet, sondern auch als potenziell tödliche Gefahr, falls man selbst Gewalt anwende. Also blieb den Einheimischen vorerst nichts anderes übrig, als wehrlos alles zu erdulden, was von den Fremden käme.

Schieffelin führt weiter aus: Wie sich der existenzielle Schock dann weiterhin gestaltet und zu welchen Konsequenzen er führen wird, hängt neben den kulturspezifischen Konzeptionen über das Fremde und Anderssein auch von den konkreten Ereignissen ab, die im Anschluss an den Erstkontakt passieren. Das gilt nicht nur für die papuanischen Gesellschaften, sondern für interkulturelle Erstkontakte überhaupt.

Auf Reisen: Tauscht man in der Frühphase friedlich Geschenke aus? Speist man gemeinsam und findet eine Gesprächsbasis? Beeindrucken die Reisenden durch beispielsweise Flötenspiel und tragen die Einheimischen ihre Flöten herbei und musiziert man bald schon miteinander? Macht man sich über die Götterwelt der Anderen lustig? Oder trampelt man versehentlich auf der Suche nach einer Notdurft auf dem heiligen Gräberfeld am Dorfeingang herum?

Wenn ja, mit oder ohne Entschuldigung? Verbeugen sich die Reisenden vor dem Schädelstapel im Longhaus? Oder schütteln sie den Kopf angesichts derart „abergläubischer" Geisterverehrung? Fühlen sich die Reisenden beraubt, nachdem die Einheimischen sich fraglos an ihren Gepäckstücken bedient haben? Fühlen sich die Einheimischen bedroht, weil die fremden Gäste ihre Zelte mitten im Dorf aufgeschlagen haben? Kommt es zum Gewaltexzess, nachdem ein Einheimischer den Besuchern mit einer Machete zu nahe getreten ist?

In unserem Wohnumfeld: Meidet man es geflissentlich, die afghanischen Nachbarn zu grüßen? Schult man die Kinder lieber in eine weiter entfernte Grundschule ein, weil die nähere „migrantenverseucht" ist?

Geht man kulant darüber hinweg oder lacht sogar, wenn die Turnlehrerin ein togolesisches Mitglied mit fast schon süffisanter Nachdrücklichkeit als Neger oder Schwarzen bezeichnet?

Egal was es ist, die spezifischen Ereignisse, die während des Erstkontaktes geschehen, schreiben sich als Sammelsurium unauslöschlicher Erinnerungen ins „interkulturelle Gedächtnis" ein und prägen den weiteren Kontakt.

Zurück zu Leahy. Der Schock der Anderen ist für ihn unbegreiflich und eher obskur. Erstaunt schildert er, dass es den Einheimischen sogar hin und wieder die Sprache verschlagen hat. Das ist beispielsweise der Fall gewesen, wenn er ihnen das erste Mal seine Waffen oder technischen Geräte demonstriert hat. Als die Mbowamb aus dem Hagengebirge das erste Mal Radiostimmen hörten, glaubten sie, es seien ihre Ahnen, die sich miteinander unterhielten. Für sie waren Leahy und seine Geräte von Zauber und Magie umgeben.

Liebend gern demonstrierte Leahy daher seine technische Überlegenheit. Neben seiner Flugmaschine waren es vor allem die mitgebrachten Waffen, die den einstigen Holzfäller in einen magischen Potentaten verwandelten. Zum Schutz vor Wildtieren und „steinzeitlichen Killernaturen" führte er ein gigantisches Waffenarsenal mit sich. Dazu gehörten Winchesters und australische Rifles samt Spezialaufsätzen für die Dämmerung, außerdem Schrotflinten, mit denen der Trupp Jagd auf Vögel und Kleintiere machte. Wenn sie die Einheimischen ein bisschen einschüchtern wollten, ließen sie ihre Waffen krachen.[20]

Da war aber noch etwas. Die größte Verblüffung erzielte er bei den Bewohnern des Hagengebirges, die ein ausgefeiltes Muscheltauschsystem (Moka) zelebrierten, indem er die begehrten und nur beschwerlich zu erwerbenden Muscheln tonnenweise von der Küste einfliegen ließ. Die Muscheln wanderten gewöhnlich über komplizierte und langwierige Tauschnetze von der Küste bis ins Bergland hoch. Die Anzahl der Muscheln, die jemand besaß, bestimmte den gesellschaftlichen Rang. Bündnisse und Zeremonien rankten sich um die Muscheln. Kriege wurden wegen ihnen angezettelt, denn die Muscheln waren das Zahl- und Kreditsystem des Berglandes.
Leahy machte sich daraus einen Spaß, massenweise Muscheln von den Küstenriffs einfliegen zu lassen. Angesichts der ersten großen Muschelladung, die aus dem Heck des Flugzeuges gepackt wurde, verschlug es den Einheimischen die Sprache. Der Pilot Bob Gurney flog fortan Muscheln in inflationären Mengen ein.[21]

Derartige Begebenheiten prägten die frühe Phase des Erstkontaktes zwischen Leahy und den Insulanern Papua-

Neuguineas und ließen die Australier als übernatürliche Wesen erscheinen.

Doch bald schon entwickelten sich aus den zumeist friedlichen Erstkontakten erste Animositäten. Die indigene Bevölkerung bezweifelte langsam, dass es sich bei den Australiern um ihre Ahnen handelt. Um darüber Klarheit zu finden, war es für sie von außerordentlicher Wichtigkeit, zu prüfen, ob die Körper der Eindringlinge so beschaffen waren wie die ihrigen. Es genügte ihnen nicht, den Fremdlingen Haare auszuzupfen, um diese zu untersuchen, oder ihre helle Gesichtsfarbe zu verreiben. Heimlich schlichen sie Leahy und seinen Männern nach und schreckten auch nicht davor zurück, den Kot der Fremden zu beschnüffeln. Dabei stellten sie mit Erstaunen fest, dass die Exkremente der Australier wie ihre Exkremente waren.[22]

Hinzu kam: Leahys Selbststilisierung als Eroberer auf Beutezug durch das Inselinnere überzeugte die indigene Bevölkerung nur während des ersten Kontaktes. Rasch trat auch seitens der Bevölkerung Ernüchterung ein. Sie hatten begriffen, dass es sich bei den Australiern schlicht um andersfarbige Menschen handelte.
Leahy interpretierte diese Ernüchterung auf seine Weise. Er sah in ihr die Gier der indigenen Bevölkerung nach seinen westlichen Gütern.
Er schreibt in *Exploration into Highland of New Guinea 1930-35*, er und seine Männer haben am Anfang wie allwissende, machtvolle Eroberer das Land durchwandert, wobei die Probleme mit den Steinzeitmenschen erst angefangen hätten, wenn er abermals ihre Dörfer aufgesucht habe. Paradigmatisch für alle anderen seien die

Bena Bena im Wagi-Tal gewesen. Er bezeichnet sie als sprunghafte Freunde, die schon beim zweiten Besuch nicht mehr eingeschüchtert und ängstlich gewesen seien, weil sich die älteren Männer zwischenzeitlich über die fremden Besucher und ihre verlockenden Besitzgüter hätten unterhalten sollen mit dem Resultat, sie auszurauben, mutmaßt Leahy.[23]

Sobald sich die Einheimischen weniger offenherzig zeigen, transformieren sie in seinen Aufzeichnungen zu bösen Wilden, zu Mördern[24] und Killern[25], die das eigene Leben bedrohen. Auf seinen Wanderungen stieß er immer wieder auf niedergebrannte Dörfer. Bei ihm liest man darüber, ein gefährlich anarchischer Kriegszustand trübe das zwischenmenschliche Leben auf dieser charmanten Tropeninsel. Alle Täler, die er aufgesucht habe, seien Täler des Todes und der Gewalt gewesen, in der die verrohten Einheimischen zwischen nach Fäulnisgasen dampfenden Kriegsleichen umhergegangen seien, ohne auch nur mit der Wimper zu zucken.[26]

Fortan finden sich in den Schilderungen Leahys alle stereotypen Zuschreibungen, die seit Kolumbus bis zum heutigen Datum alle indigenen Völker über sich ergehen lassen mussten und müssen, die sich gegen die Raubmotivation stärkerer Nationen zur Wehr setzen.

Daher ist Leahys Fall so typisch: Während er selbst gekommen war, die Goldquelle auszuschöpfen, beschreibt er die Menschen, die in der Nähe dieser Quelle siedeln, als die wahren raffgierigen Plünderer und Diebe.

Das Verhältnis zwischen seinem Trupp und den Einheimischen wurde wegen der Diebstähle bald schon so spannungsreich, dass er sogar eine Polizeigarde aufstellen musste, die sein Camp bewachte.

Bei der Rekrutierung seiner Polizisten für die Schutztruppe hielt er Ausschau nach besonders kriegerischen Naturen aus der Küstenregion, da er annahm, dass in ihnen noch richtige Kriegerinstinkte glühen würden. Da sie diese leider nicht mehr ausleben können, seit die australische Regierung die Küste befriedet hat, hoffte Leahy, die Kriegerinstinkte würden ihm im Kampf mit aufrührerischen Wilden im Hinterland nützen, denn er rechnete da mit ihrem vulkanartigen Ausbruch.[27]

Doch Leahy musste im Hinterland bald schon einen Zaun um sein Camp ziehen, um diebische Einheimische und sogar seine Polizeigarde davon abzuhalten, sein Lager zu plündern. Seit der Vermählung einiger seiner Polizeiboys und Träger mit Mädchen aus dem Hagengebirge fühlte er sich vor keinem mehr sicher. Mit der Folge, dass die Schwiegereltern seiner Bodyguards und Träger durch ihre Töchter Zugang zum Camp erhielten und nun alles schamlos plündern würden, was nicht festgenagelt sei. Es wurde so schlimm, dass er sogar Hunde abrichten musste, die das Camp nachts umliefen.[28]

Aber auch das nützte offenbar nicht viel. Er drohte fortan Waffengewalt an, denn die Waffen hatten sich bisher als wirksames Mittel entpuppt.

Mit ihnen zwang er die Mbowamb nicht nur zum Gehorsam, sondern auch dazu, in seinem Camp für ihn zu arbeiten, für ihn nach Gold zu schürfen.

Für die Mbowamb gestaltete sich die Situation immer paradoxer. Auf dem Land ihrer Ahnen arbeiteten sie nun als billige Arbeitskräfte für einen Fremden, schürften für ihn nach Gold, bauten für seine Maschinen Flugschneisen und leisteten anstrengende Trägerdienste.

Ließen sie sich das etwa so einfach gefallen? Oder entfachte das mitten in ihrem Tropenwald aufgeschlagene Camp voller Waffen, Nahrungsmittel und Muscheln ihren Zorn? Schließlich waren sie es gewohnt, dass man sich gegenseitig an seinem Güterreichtum teilnehmen ließ. Keinem Bigman wäre es eingefallen, angehäufte Güter vor den anderen wegzusperren und zu horten, um sich an ihnen alleine zu erfreuen.

Es war daher nicht die pure Raffgier, welche die autochthone Bevölkerung dazu trieb, heimlich ins Camp zu schleichen und sich die Güter anzueignen, sondern vorrangig die Wissensgier, was es überhaupt mit dem Reichtum auf sich hatte. Außerdem glaubten die Einheimischen, sie könnten durch die Aneignung der „fremden" Güter wieder die alte Ordnung erreichen.

Halten wir fest: Leahys Reichtümer weckten ihre Begehrlichkeiten in erster Linie nicht wegen ihres Wertes, sondern wegen ihrer Wirkung. Es war für die Mbowamb ärgerlich, dass die technischen Geräte Leahys zu seiner Vormachtstellung über sie führten. Einige unter den Einheimischen fingen an, sich den Kopf über die Herkunft der Reichtümer zu zerbrechen.

Irgendwann war für sie die Sache klar: Die Güter mussten von ihren Ahnen stammen und waren, weshalb auch immer, in die falschen Hände geraten. Die rechtmäßigen Besitzer dieser Güter waren sie selbst, aber die „Diebe" hielten ihnen diese nun vor.

Dieser Gedanke, der so abstrus nicht ist, wenn man sich mit der Ahnen- und Geisterwelt bekannt macht, führte zu den berühmt gewordenen Cargo-Kulten. Cargo meinte das für sie bestimmte Frachtgut, das ihnen die Weißen

vorenthielten. Cargo-Kulte lebten von der Erwartung an einen Weltuntergang, an dem die Ahnen kommen würden, um ihnen die Güter der Weißen rechtmäßig zu überreichen. Diese Kulte tauchten überall dort in Melanesien auf, wo es Kontakte zwischen Melanesiern und Weißen gegeben hatte. In Erwartung an die Rückkehr der Ahnen baute man Hütten für die Totengeister oder stellte Schachteln auf, damit die rückkehrenden Totengeister wissen, wohin sie die Reichtümer legen sollten. Denn dass sie fehlbar waren und sich täuschen konnten, hatten sie ja bereits bewiesen!
Der Yali-Kult war einer der bekanntesten Heilserwartungsbewegungen aus Neuguinea. An der Rai-Küste von Yali Singina ins Leben gerufen, wurde er der australischen Behörde in Medang bald so gefährlich, dass sie Yali Singina zu einer Gefängnisstrafe verurteilten. Bevor Yali zur Führergestalt des Kultes wurde, hatte er lange Zeit als Hilfspolizist bei australischen Expeditionen im Binnengebiet an der Rai-Küste teilgenommen. Er kooperierte lange Zeit mit den Kolonisatoren, zog sich aber dann enttäuscht zurück, nachdem er begriffen hatte, dass er, egal wie dienststeifrig er arbeiten würde, niemals genauso begütert und reich werden könnte wie sie.
Aus Melanesien ist eine Vielfalt an Cargo-Kulten überliefert. Darüber, ob und wie stark das Phänomen anderorts nach Erstkontakten mit „reicheren" Weißen aufgetaucht ist, ist bisher wenig erforscht. Aus dem Amazonasgebiet wird von Indianern berichtet, die hölzerne Kassettenrekorder geschnitzt haben, um durch sie mit ihren Ahnen zu kommunizieren.

Doch zurück zu Leahy. Seine Aufzeichnungen verraten, dass er keinen blassen Schimmer davon gehabt hat, was den Einheimischen angesichts der „Güter" aus seinem Camp wirklich durch den Kopf gegangen war. Sicher ist nur, dass er sich von ihnen bedroht fühlte, obwohl er ja die reale Bedrohung darstellte. Sicher ist auch, dass er seine eigene Habgier nach Gold in das Verhalten der Einheimischen projizierte und dass er sie als störende Elemente empfand.

In diesem Zusammenhang sei auf eine Notiz der Kolonialzeitung *Pacific Island Monthly* aus dem Jahre 1935 hingewiesen. Darin wird die gewaltbereite Haltung der Goldsucher gegenüber den Einheimischen bestens beschrieben. „Es ist Gold da", ist im schnöden Journalistenton zu lesen, „und man kann die Goldsucher nicht fernhalten. Es ist nutzlos, allzu viel Zartgefühl gegenüber den Eingeborenen zu beweisen. Wenn der Europäer sicher sein soll, muß eben den Eingeborenen der Respekt vor den Weißen beigebracht erden. Und das einzige Mittel, das die Leute verstehen, ist Gewalt."[29]

Leahy ging noch einen Schritt weiter, als einfach „nur" Gewalt anzuwenden. Es gelang ihm dank seiner waffentechnischen Überlegenheit, die Einheimischen in seinem Camp schuften zu lassen.[30]
Seine Arbeiter konnten es ihm aber nie recht machen. In seinen Aufzeichnungen beschwert er sich immer wieder über ihre Faulheit und seine fehlgeschlagenen Versuche, die Menschen zu drillen.
Leahy und sein Bruder trugen ständig einen 45er Revolver und genügend Munition mit sich. Nur so ließ sich der Arbeitseifer der Einheimischen beim Schürfen und Waschen der gelben Goldkiesel aufrechterhalten. Demonstrativ schleuderte Leahy auch schon mal einen Schuss ab.

Er schreibt, dass die Furcht vor der Waffe bei den Einheimischen größer war als der Hang zur Faulheit. Sie begannen, willig für ihn nach Gold zu schürfen. Wer aber doch zu faul war oder sich gar weigerte, mitzuschürfen, bekam natürlich keine Muscheln als Lohn, auch wenn er gezwungenerweise im Camp verbleiben musste und am Zahltag die Frechheit besaß, am Lagertor seine Hand aufzuhalten.
Leahy vertritt die Meinung, nur durch Härte würden die Einheimischen die wichtigste Wirtschaftsregel lernen – wer nicht arbeitet, bekommt keinen Lohn.[31]
Der Lohn bestand aus den begehrten Muscheln von der Küste, die er freilich aufklaubte, ohne es „dem Küstenboden zurückzuzahlen".

Leahy charakterisiert die Einheimischen als kriegerisch, diebisch, habgierig, faul und primitiv. Er hat dafür auch eine Erklärung parat: Das tropische Klima sei schuld, dass die Papuas nicht auf dem gleichen technischen Stand seien wie die Europäer, glaubt er. Eine üppige Natur, die das ganze Jahr über Früchte und Wärme schenke, mache träge und faul. Geistige Entwicklung brauche den Winter. Kälte sporne den Menschen zum Nachdenken an. Schließlich müsse er Nahrung und Feuerholz herbeischaffen. Dem Winter und den vielen Kriegen verdanke die europäische Rasse sogar eine ihrer größten Errungenschaften – die Wasserstoffbombe.[32]
Leahys Klimatheorie ist freilich eine Variante des Sozialdarwinismus. Dieser teilt alle Kulturen in eine Stufenpyramide ein, an dessen Spitze der Europäer prangt. Die evolutionsbiologische Höherentwicklung der Europäer zeige sich laut Sozialwinisten durch seine technischen

Errungenschaften, die den Werkzeugen anderer Völker eindeutig überlegen seien. Survival of the fittest eben! Der Urheber dieser These ist Charles Darwin, der nach dem Zwischenglied zwischen Affen und Menschen suchte. Dieses Zwischenglied vermutete er irgendwo zwischen Gorilla und „wilden Rassen". Im sechsten Kapitel seiner *Abstammung des Menschen (1871)* schrieb dieser Großgeist für alle Kleingeister den fatalen Satz, dass es bei den Menschen wie auch im Tierreich einen Überlebenskampf gebe. Diesen gewinne der Stärkere und daher sei es evolutionshistorisch gesehen logisch, dass die zivilisierten Rassen die wilden ausrotten würden. Wer mochte dieser durchaus einleuchtenden Erklärung als Mensch des frühen 20. Jahrhunderts schon widersprechen?

Jede Epoche kreiert ihren ureigenen Aberglauben. War es im Mittelalter die Vorstellung, die Sonne kreise um die Erde, und später dann die Verfolgung unliebsamer Frauen, die man der Hexerei bezichtigte, so war es um 1900 eben der Glaube an die Überlegenheit der weißen Rasse. Und jeder Irrglaube hat einen Nutzen. Jedenfalls für diejenigen, die ihn in die Welt setzen.
Auch wenn Darwin es nie so gewollt hätte, seine Thesen läuteten jedenfalls das Präludium zum großen „Abschlachten von Tiermenschen" in den Kolonien ein. 1904 trieben die deutschen Truppen unter Generalleutnant Lothar von Trotha das gesamte Volk der Herero in die namibische Wüste und ließen es verdursten. Carl Peters, Reichskommissar am Kilimandscharo, knüpfte unwillige Tschaggamädchen am Strick auf. Und in Deutschland strömten die Menschen in Massen in die Völkerschauen und ließen sich davon überzeugen, dass die Herero, Ka-

meruner oder Tschagga untergehende Arten seien. Dass dies notwendiges Schicksal sei und kein Verbrechen. So wie sich nach Darwin stets die Besseren durchsetzen würden, setzen sich in der Entwicklungsgeschichte der Menschheit eben auch die Besseren, Leistungsfähigeren und Klügeren durch. Diese Argumentation ging nicht nur zulasten anderer Völker, sondern erklärte ihre Ausrottung auch zur biologisch unumstößlichen Logik.

Mit vielen Beispielen aus dem ozeanischen Raum belegt 2007 die Ozeanistin Gabriele Dürbeck in ihrer Studie über die deutsche Südseeliteratur zwischen 1815 und 1914, dass in den zahlreichen Werken der Kolonialisten, Ethnologen und Schriftstellern die Südseeinsulaner stets mit denselben pejorativen Merkmalen ausgestattet werden, die schon in den Jahrhunderten vorher dem bösen Wilden zugeschrieben wurden.

Die Kannibalen und Kopfjäger hätten eine diebische Ader, würden zur Habgier, Hinterlist und Faulheit neigen, seien himmelschreiend arbeitsscheu und permanent in Gemetzel und Stammesfehden verstrickt.

Bedauerlicherweise würden sie auch noch dem Heil und Frieden bringenden Europäer misstrauisch und feindselig gegenübertreten.

Ziel derartiger Argumentationen war stets, die Gewalt an oder gar die Ausrottung der einheimischen Bevölkerung zu rechtfertigen.[33]

Nahm sich Leahy also auch das Recht heraus, notfalls einheimische Menschen zu töten?
Er selber berichtet nur von Beinahe-Schießereien. Einmal, nachdem zwei seiner Träger bei der Suche nach Feuerholz von Einheimischen bedroht worden waren, rüsteten sich Leahy und seine Träger zu einer Schießerei.

Zum Glück regelte sich die Auseinandersetzung aber durch den friedlichen Austausch von Geschenken. Zeitzeugen berichten anderes. Sie erinnern sich in dem Dokumentarfilm *First Contact* von Connolly und Anderson an eine Reihe von tödlichen Schussgefechten in ihren Dörfern. Manche zählen noch genau die Zahl der von den Leahy-Brüdern oder von anderen Männern aus der Schutztruppe erschossenen Familienmitglieder auf. Im Siedlungsgebiet der Kukakuka soll es 1930 sogar zu einem Gemetzel gekommen sein.[34]
Auch wenn man die Aussagen der Kukakuka nicht als Maßstab für die Gültigkeit der Ereignisse nehmen kann, weil auch ihre Zeugnisse von subjektiven Fakten geprägt sind, so darf man auch nicht vergessen, dass es während interkultureller Begegnungen, in denen eine Partei waffentechnisch besser ausgerüstet war, oft zu tödlichen Auseinandersetzungen gekommen ist. Derartige Zusammenstöße neigten schon immer dazu, zu eskalieren. Insbesondere dann, wenn Machtausweitung und materielle Interessen im Spiel waren und die Einheimischen nicht mitspielten.[35]

Aber über den Vorfall im Dorf der Kukakuka schweigt sich Leahy aus. Indessen erwähnt er nur den Todesfall von Mc Grath, der Frau eines seiner Piloten. Sie wurde durch eine Pfeilverletzung getötet. Dies im Zuge eines heimlichen Überfalls auf das Dorf, in dem Leahy gerade sein Lager aufgeschlagen hatte.
Die Mc Grath-Geschichte kann in seinem Reisebericht *Exploration* als Höhepunkt der australisch-indigenen Konfrontationen gelesen werden.
Ihrem Tod folgen theoretische Überlegungen, in denen Leahy nach einer Lösung sucht, um die permanente Kil-

lerlaune der Einheimischen endlich zu beenden. Dabei erwähnt er, dass er die Insel eigentlich mit dem Wunsch betreten habe, Freundschaften mit den hiesigen Menschen zu schließen. Aber die ständigen intertribalen Rachefeldzüge und familiären Mordattacken hätten Freundschaft und Friede nicht zugelassen.
Seine Lösung zur Beendigung des endemischen Kriegszustandes erinnert an Hobbes. Er glaubt, die Einheimischen bräuchten eine übergeordnete Zentralinstanz, die durch Gesetze und richterliche Gewalt für Frieden sorge. Natürlich dachte er dabei an die australische Regierung.

Als Paradies beschreibt er Papua-Neuguinea nur dann, wenn er in idyllischer Landschaft auf gastfreundliche Einheimische oder sexuell aufgeschlossene Frauen stieß. Dann bot die Insel plötzlich allerhand. Dann brachte ihn ihre zauberhafte, paradiesische Üppigkeit ins Schwärmen und er lobte die Früchte von den Bäumen und von den Feldern, das lecker schmeckende Schweinefleisch, die spontanen Möglichkeiten des Unterschlupfes bei gastfreundlichen Einheimischen und die verheißungsvollen Kontakte mit Frauen.[36]
Die Perspektive der indigenen Frauen ist aber weniger paradiesisch. Jahre später zu ihren Kontakten mit Michael Leahy befragt, geben sie zunächst zu, dass sie Geschlechtskontakt mit ihm hatten. Sie erinnern sich auch an die Angst vor den weißen Männern. Sie sagen, sie haben ihnen riesige, um die Hüften geschlungene Geschlechtsteile angedichtet und wunderten sich nach dem Sex, dass die Geschlechtsorgane der Weißen gleich beschaffen waren wie jene ihrer Männer.
Einige der Frauen wurden schwanger und bekamen Kinder.[37]

Dass er mehrmals Vater geworden war – auch diesen Aspekt lässt Leahy völlig unerwähnt.
Aber in einem erwies sich die Insel nicht als sonderlich üppig: Die Goldfunde blieben rar. Wie kam Leahy damit zurecht, dass er kaum Gold gefunden hatte? Nicht ohne Selbstironie schreibt er, dass er nach seiner Zeit auf der Insel sehr viele Orte kennen würde, an denen es kein Gold gäbe, er deshalb aber wertvolle Kenntnisse über die Geografie des Inselinneren erworben habe.[38] Diese geografischen Kenntnisse machten ihn natürlich für Kolonialpolitiker interessant. Leahy war nicht nur ein Nutznießer kolonialer Verhältnisse, sondern genoss, nachdem seine „Entdeckungen" im Inselinneren Neuguineas bekannt wurden, große Anerkennung seitens der australischen Kolonialverwaltung. General Evan Wisdom aus Melbourne, der damals die Hälfte von Neuguinea verwaltete, zeigte sich sehr interessiert an den Entdeckungen von Michael Leahy. Er lud ihn 1933 anlässlich einer Weihnachtsfeier zu sich ein. Wisdom sprach davon, eine weitere Goldexpedition ins Innere der Insel schicken zu wollen.[39]
Nach seiner endgültigen Rückkehr, im November 1935, stellte Leahy vor der Royal Geographic Society in London seine Expedition ins Hochland von Papua-Neuguinea einer großen Öffentlichkeit vor und erntete dafür große Anerkennung.
1936 publizierte er seine Reiseschilderung *The Land That Time Forgot*, die er in Zusammenarbeit mit dem Ghostwriter Maurice Crane geschrieben hatte. Gleichzeitig musste er sich aber auch den Vorwürfen der Antislavery and Aborigenes Protection Society stellen. Sie konfrontierte ihn mit den Vorwürfen, während seines gewaltsa-

men Erstkontaktes mit den Kukakuka 1930 für den Tod zahlreicher Einheimischer verantwortlich gewesen zu sein!

Während der japanischen Invasion im Zweiten Weltkrieg verhalf er einer großen Anzahl europäischer Siedler zur Flucht ins Hagengebirge. Damit hatte er ihnen das Leben gerettet. Von dort konnten sie nach Australien ausgeflogen werden.

Auch bot er seine geografischen und ethnografischen Kenntnisse des Inselinneren der australischen Armee an.

Nach dem Zweiten Weltkrieg wurde es ruhig um Leahy. Er führte mit seiner Frau Jeanette G. Best eine Farm in Zenang auf Papua-Neuguinea. Die Farm war nicht unweit von Edie Creek, südlich von Lae. Er produzierte dort Kaffee und hielt zum Verkauf in der näheren Umgebung Hühner, Schweine und Rinder.

Erst 1971 geriet er anlässlich einer Ehrung des U. S. Explorer Club für seine „Erstentdecker-Leistung" wieder ins Rampenlicht. Die Zuschreibung, ein Erstentdecker gewesen zu sein, wird heute natürlich kritisiert, denn schließlich haben weder Michael Leahy noch Christoph Kolumbus, James Cook, Ferdinand Magellan oder Marco Polo irgendetwas entdeckt, was zuvor nicht schon unter den Einheimischen bekannt gewesen wäre.

Leahy gilt bis heute in der Geschichte Ozeaniens, natürlich politisch naiv betrachtet, als Erstentdecker des Hochlandes von Papua-Neuguinea. Kraft dessen taufte er den Gebirgszug im Inselinneren, der von den Einheimischen Mul genannt wird, auf den Namen Mount Hagen. Namenspatron ist entweder Kurt von Hagen, der Generaldirektor der Neuguinea Kompanie, der 1897 umgebracht wurde, oder Bernhard Hagen, ein Arzt und Ethnologe des Frankfurter Völkerkundemuseums.[40]

Im März 1979 starb er und hinterließ im Speicher seines Hauses Unmengen von Fotografien, Filmrollen und Tagebuchnotizen. Die Fotografien und Filmrollen wurden im Rahmen der Film-Recherchen von Connolly und Anderson wiederentdeckt. Sie fanden die Fotografien so brisant und aufschlussreich, dass sie eine Auswahl davon in *First Encounter. New Guinea's Highlanders encounter the outside world* veröffentlichten.

Neben den visuellen Zeugnissen gilt aber insbesondere Leahys posthum veröffentlichter Reisebericht *Exploration into Highland New Guinea 1930-35* als außerordentlich wertvolles Zeitdokument interkultureller Erstkontakte. Er beruht auf seinen ersten Reportagen, wie *The Central Highlands of New Guinea* in *The Geographical Journal* (1936), enthält aber auch Texte, die Connolly und Anderson in seinem Speicher gefunden haben.

Auf den ersten Blick liest sich der Reisebericht wie ein typischer Kolonialroman aus der Feder eines Goldsuchers. Leahy versteht es, geschickt einen Spannungsbogen aufzubauen. Dieser ergibt sich aus der permanenten Bedrohung, welche die „kannibalistischen" und „kriegerischen" Papua für ihn darstellen. Den gesamten Text würzt Leahy mit schrecklichen Anspielungen und horriblen Erlebnissen. Das Hochland von Papua-Neuguinea ist eine spannungsreiche Gefahrenkulisse, auf der die kulturell Fremden als horrible Gestalten herumgeistern. Als böse Wilde im hobbesianischen Sinn. Dies beispielsweise, wenn er die Reise zu den blutdürstigen Mogai als selbstmörderisch bezeichnet.[41]

Oder sehr bildhaft den Besuch bei den Bewohnern am Mount Keluwere schildert, die ihren Körper mit Asche beschmieren, um ihre Trauer zu zeigen. Sie glauben

nicht, dass Leahy und sein Trupp den Trip durch das Land ihrer blutdürstigen Feinde überleben würden.[42]
Immer wieder liest sich sein Reisebericht wie eine kafkaeske Reise ins Ausweglose. Diese Erwartungshaltung wird aber am Schluss jeder Erlebnisepisode gebrochen, wenn Leahy die Situation gemeistert hat und die Pose des triumphalen Eroberers durchschimmern lässt.
Aber schon wartet die nächste Herausforderung. Immer tiefer dringt er in Sphären des tropischen Regenwaldes ein, die vorher noch kein „Weißer" betreten hat, und immer gruseliger werden die Kontakte zur indigenen Bevölkerung, immer zahlreicher werden die Spuren von Mord und Gewalt, eingeäscherte Dörfer und aufgebahrte Leichen pflastern seinen Weg. Man fühlt sich an Joseph Conrads *Herz der Finsternis* erinnert, jedoch erzählt aus der Perspektive des zwielichtigen Elfenbeinhändlers Kurtz, der im Herzen des Kongos sein mörderisches Unwesen treibt, seine Taten aber geschickt kaschiert und die Einheimischen als Mörder darstellt. Denn nichts anderes tut Leahy. Getrieben von der Gier nach Gold dringt er kaltblütig mordend immer tiefer ins Herz des Hagengebirges vor und rühmt sich, das eigene Sündenregister bei den Einheimischen abladend, als grandioser Entdecker eines der letzten Paradiese der Menschheit, bewohnt von Höllenwesen und Biestern.
So oder so, der Unterschied aber ist: Kafka und Conrad schreiben Fiktion – Leahys Reise ist Realgeschichte.
Schön gefärbte Realgeschichte. Lesernaivität ist daher fehl am Platz. Der Reisebericht darf niemals als authentisches Dokument gelesen werden, das uns fremde, längst modifizierte Kulturen erklärt. Auch nicht als ein Dokument, das uns die Gebaren und Sitten eines australischen Goldsuchers um 1930 erläutert.

Aber warum ist sein Reisebericht trotzdem eines der wertvollsten Dokumente interkultureller Erstbegegnungen?

Der bulgarische Philosoph Todorov analysiert in seinem Buch *Die Eroberung Amerikas. Das Problem der Anderen* die interkulturelle Konfrontation zwischen Europäern und amerikanischen Indianern anhand einer Vielzahl europäischer Berichte und kommt dabei zu interessanten Schlüssen. Egal zwischen welchen Indianergruppen und europäischen Pionieren, Abenteurern oder Kolonialisten der Kontakt stattgefunden hatte, je größer die kolonialen Begierden der Europäer waren, umso perhorreszierender beschrieben sie die Einheimischen, umso größere Distanz hielten sie zu ihnen (ausgenommen Handel und Dienstleistung) und umso fiktiver im Sinne von stereotyper fiel die Fremdbeschreibung aus. Waren überhaupt keine kolonialen Interessen im Spiel, wurden die Indianer als freundlich beschrieben, man versuchte, sich ihnen zu nähern und von ihnen zu lernen, wobei auch hier die Fremdbegegnung schnell in das andere Extrem ausschlug – in die Idealisierung.

Aber halten wir fest: Je größer die kolonialen Begierden, umso drastischer fallen Beschreibung, Distanzverhalten und Fremdverkennung aus.

Sicher ist: Todorovs Modell lässt sich nicht nur auf die australisch-europäisch-ozeanische Begegnung übertragen, sondern auf alle interkulturellen Begegnungen, in denen ein Machtungleichgewicht eine Rolle spielt.

Daher ist *Exploration in the Highland of Neuguinea 1930-35* nicht trotz, sondern wegen seiner Unterschlagungen ein beispielhaftes Dokument dafür, wie man in der Phase der kolonialen Ausbeutung Menschen mittels perhorreszierender Beschreibungen zu Wilden gemacht hat, um die ihnen angetane Gewalt zu rechtfertigen, und wie man dann eine möglichst große Distanz zwischen sich und den Wilden gezogen hat, um ihren Zorn nicht spüren zu müssen. Leahy rekrutierte eine Polizeigarde, umzäunte sein Camp und richtete Hunde ab. Kontakt hatte er zu den Einheimischen nur in Form von Güteraustausch und Dienstleistungen, Sex und kriegerischen Auseinandersetzungen. Und was seine Einsichten in fremde kulturelle Welten betrifft, darf man getrost davon ausgehen, dass fast alles fiktiv ist. Seine bösen Wilden sind jene Hirngespinste, von denen Hobbes schon halluziniert hat, um seine eigenen Ängste zu domestizieren.

Georg Vicedom und der Ekel der Mbowamb vor Kannibalismus

> Das Bedürfnis, *dort* hinzugehen (an exotische
> Orte, mögen sie weit weg sein oder gerade um
> die Ecke), ist in Wirklichkeit unser Verlangen,
> *hier* zu sein und unseren Platz in der Welt zu finden oder zu
> verteidigen.[43]

Von 1884 bis 1919 stand das Gebiet westlich des Hagengebirges unter deutscher Kolonialherrschaft. Vermutlich drang 1912/13 im Rahmen der deutschen Kaiserin-Augusta-Expedition der Geograf W. Behrmann bis ins Siedlungsgebiet der Mbowamb vor. Ab 1919 geriet das

Gebiet unter australische Verwaltung. So ist es der uns bereits bekannte Australier Leahy gewesen, der 1934 die Mbowamb als erster „Weißer" kontaktierte. Ein Jahr später durchkämmte die australische Regierungs-Expedition der Brüder Fox unter J. Hides die Hagenbergregion.

Die Metlpa sprechenden Mbowamb lebten in vorkolonialer Zeit unter keinerlei staatlicher Gewalt. Staatenlos hieß aber auch hier nicht führerlos. Die Mbowamb waren in unilinearen, patrilokalen Verwandtschaftsgruppen organisiert, wobei den einzelnen Dörfern ein Oberhaupt vorstand. Dieser Bigman zeichnete sich durch besonderen Reichtum an Schweinen und Moka-Muscheln aus. Beim Moka, dem schon erwähnten Muschel-Kreditwesen, wurden speziell verarbeitete Perlmuscheln gegen andere Wertstücke (Schweine, Zeremonialäxte) verliehen. Der Mokatausch sorgte für soziale Ausgrenzungen, denn er war nur einem bestimmten Kreis von Männern vorbehalten. Nur die jungen Männer, die zu dieser „Elite" gehörten, konnten gesellschaftlich aufsteigen.

Die Mbowamb ernährten sich von den Früchten ihrer Gärten, vorwiegend kochten oder grillten sie Süßkartoffeln und Bananen. Am liebsten aßen sie dazu Schweinefleisch. Als Hauptwertmesser für den Reichtum einer Familie galt neben den Muscheln die Anzahl der eigenen Schweine.

Der 1906 geborene Museumsethnologe und Sammler Herbert Tischner schrieb mit dem Missionar Georg Vicedom eine dreibändige Ethnografie über die Kultur der Mbowamb, ohne jemals eine eigene Feldforschung am Hagenberg durchgeführt zu haben.

Als Leiter der Südsee-Abteilung am Hamburgischen Völkerkundemuseum zog Tischner seine Erkenntnisse über die materielle Kultur Ozeaniens aus den schriftlichen und mündlichen Berichten der Missionare unterschiedlichster Missionsgesellschaften, die sich zunächst an der Hamburger Universität unter Otto Dempwolff ethnologisch ausbilden lassen mussten, bevor sie nach Übersee schifften. In seiner Position war Tischner natürlich bestrebt, engen Kontakt zu den Missionaren zu halten. Er kaufte ihnen nicht nur zahlreiche Sammelobjekte für das Museum ab, sondern förderte und unterstützte die Missionare auch darin, ethnografische Aufzeichnungen zu machen.[44]

Auf fremden Aufzeichnungen basierte schon seine erste Monografie *Hausformen in Ozeanien,* mit der er den Doktortitel erwarb.

Schon in diesem Frühwerk schreibt er, dass er ein Maximum an Artefakten der materiellen Südseekultur archivieren wolle, um möglichst viele „ethnographische Lücken" zu schließen, bevor es die dortige Kultur nicht mehr gäbe.[45]

Diese Haltung galt mehr noch für die Mbowamb-Kultur und traf den Nerv der Zeit, wusste man doch, dass die imperiale Ausdehnung Europas mit der Zerstörung von Kulturgütern anderer Völker einherging.

Hinter dem Wunsch, noch rasch die Artefakte einer fremden Kultur vor ihrer Ausrottung zu katalogisieren, verbarg sich aber noch eine ganz andere Haltung: der Glaube an die eigene akademische Omnipotenz, die von der Vorstellung der eigenen Allmacht und der Ohnmacht der anderen ausging. Die Annahme, nur man selbst könne das untergegangene Wissen fremder Völker retten und archivieren, schob den anderen die passive Opferrolle zu und diagnostizierte ihnen neben Hilfsbedürftigkeit auch geringere Intelligenz. Die Artefakte sah man als Ausdruck einer jahrtausendealten Tradition der jeweiligen Kultur, weil man annahm, dass andere Kulturen im Gegensatz zur eigenen statische Gebilde seien, die aus Mangel an Innovationskraft noch so existieren würden, wie es in Europa während der Steinzeit üblich gewesen sei. Insbesondere schriftlose Völker betrachtete man als fantasiearm und geschichtslos. Man dachte, sie erhielten quasi erst durch die imperiale Konfrontation mit den „zivilisierten" Europäern ihren historischen Ritterschlag. Diese Taufe bedeutete aber zugleich die Sterbestunde der fremden Kultur.

Von derartigen Ideen infiziert, hatte es Tischner eilig, noch rasch aufzuzeichnen, was sich vorfinden ließ, bevor es mit der ausgelöschten Kultur in die ewigen Grüfte versinken würde.

Tischner reiste allerdings nicht selbst in die Südsee, sondern archivierte die Notizen anderer wie ein Besessener. Sie dienten auch als Quelle für seine zwei Einführungsbände in die Kulturen der Südsee, die damals praktisch von jedem Studenten der Ethnologie gelesen wurden.

Auch bei der dreibändigen Ethnografie über die Mbowamb *Die Kultur der Hagenberg-Stämme (1943-48)* schmückte er sich „mit fremden Federn".

Er schrieb die Ethnografie gemeinsam mit Georg F. Vicedom, einem Missionar, der sich von 1934 bis 1948 mit Unterbrechungen am Hagenberg aufhielt. Später publizierte Tischner noch mit dem Missionar Strauss eine weitere Ethnografie über die religiösen Vorstellungen der Mbowamb. Sie ist aber längst nicht so ein Monumentalwerk wie die stoffreichen Mbowambwälzer.

Georg F. Vicedom, Missionar der Missionsanstalt Neuendettelsau bei Ansbach in Bayern, begann am 21. November 1934 seinen Missionsdienst in der gerade gegründeten Station Ogelbeng am Hagenberg.

Die Geschichte der Neuendettelsauer Missionsanstalt war bisher von Widrigkeiten und Rückschlägen geprägt, mit denen die Missionare in den Anfängen ihres Missionsdienstes in der Südsee zu tun hatten. Dazu gehörten neben dem kräftezehrenden tropischen Klima auch eine Reihe diffuser Fiebererkrankungen wie Malaria und Schwarzwasserfieber. Daneben beklagten die Missionare die permanenten interfamiliären Stammesfehden und vor allem die aggressiven Attacken seitens der indigenen Bevölkerung gegenüber Europäern.

Bevor Vicedom seinen Dienst antrat, war es am Hagenberg bereits zu einer nicht unerheblichen Anzahl gewalttätiger Auseinandersetzungen zwischen Einheimischen und Goldsuchern, Regierungspersonal und Missionaren gekommen. Daher hatte die Regierung kurz vor Vicedoms Dienstantritt bestimmt, dass ein Missionar nur unter folgender Bedingung ins Innere Papua-Neuguineas reisen durfte: Er musste mindestens 10 Gewehre und mindestens 10 „braune" Bodyguards mit sich führen.[46]

Ogelbeng war eine der letzten Stationen, die von den protestantischen Neuendettelsauer Missionaren gegründet worden waren. Die erste, Simbang bei Finschhafen, wurde 1886 von dem Neuendettelsauer Missionar Johannes Flierl gegründet. Während Pilhofer, einer der ersten Missionare, noch in perhorreszierender Weise bezüglich der Laewomba an der Küste von „blutdürstigen Kriegern" und sagenhaften „Blutbädern" fabulierte, traf

Vicedom, wie er in seinen Aufzeichnungen betonte, auf einen vergleichsweise „saubereren und intelligenteren Stamm", der mit einer überraschenden Schnelligkeit und Festigkeit zum Christentum überwechselte.[47]

Vicedom missionierte viereinhalb Jahre in Ogelbeng am Hagenberg. 1939, kurz vor Ausbruch des Krieges, trat er seinen Heimaturlaub an. In Hamburg traf er auf Tischner und gab ihm Einblick in seine schriftlichen Aufzeichnungen über die Mbowamb. Vicedom hatte vor, in Europa ein kleines populärwissenschaftliches Büchlein über die Mbowamb zu verfassen, aber Tischner ermunterte ihn zu Umfangreicherem, da er sofort „die Notwendigkeit einer Veröffentlichung in Gestalt einer Monographie" klar erkannte. Erstmalig wollte Tischner, um „Lücken" zu schließen, selbst nach Ozeanien. Ogelbeng mit seinem malariaarmen Hochgebirgsklima und offenbar befriedeten Einheimischen schien ihm der richtige Ort für seine Forschungen zu sein. Aber der Ausbruch des Krieges vereitelte seine Pläne. Statt in die Tropen zu reisen, wurden Vicedom und Tischner vier Jahre zum Wehrdienst einberufen. Erst 1946 kehrte Vicedom, allerdings ohne Tischner, zurück nach Ogelbeng.

Er wurde 1946 Lehrer am Missionshaus und Referent für Neuguinea.

1950 erhielt er von der Theologischen Hochschule in Dubuque den Docter of Divinity und von der Universität Marburg den Doktor sc.rel. Ab September 1956 war er Professor an der Augustana-Hochschule. Neben der dreibändigen Ethnografie über die Mbowamb publizierte Vicedom eine Vielzahl theologischer Werke. Über das theologische Vermächtnis Georg Vicedoms schreibt Hans H. Harms, Bischof von Oldenburg, im Nachwort zu

Vicedoms theologischer Schrift *Actio Dei* , Vicedom sei jemand gewesen, der immer unter der Kirche gelitten und sich daran wund gerieben hätte.
Woran er genau litt, verrät er uns in seiner Schrift *Actio Dei*. Ein zivilisations- und technikkritischer Ton durchzieht den gesamten Text. Wie schon Tischner, so beklagt Vicedom die zerstörerische Wirkung der westlichen Zivilisation. Großes zerstörerisches Potenzial erkennt er vor allem in Wissenschaft und Technik. Beide, so glaubt er, würden die Menschheit wirksam zu einer seelenlosen und oberflächlichen Einheit zusammenschließen. Die schlimmsten Folgen auf die Mission und die Missionsgebiete, so Vicedom weiter, habe allerdings die westliche Wohlstandsideologie.[48]
Darüber äußert er sich in seiner Mbowamb-Ethnografie sehr ausgiebig. Diese Aufzeichnungen sind von unschätzbarem Wert, weil man tatsächlich viel darüber erfährt, wie Vicedom als Missionar „seine" Mbowamb sehen wollte und welche schreibtechnischen Mittel er dazu einsetzte.

Das wollen wir uns einmal bei seiner Beschreibung der regulierten Schlacht, die er durch seinen mehrjährigen Aufenthalt in Ogelbeng oft beobachten konnte, genauer ansehen.
Als Kriegsmotive betrachtet er neben dem Diebstahl von Gartenfrüchten, Schweinen oder Frauen auch Giftmischereien, gewöhnliche Streitereien, aber auch Mokamuschel-Streitigkeiten, Landmangel, zu hohe Bevölkerungsdichte, Blutrache und Mord. Kriege, so glaubt Vicedom, würden deshalb in Konfliktsituationen ausbrechen, weil eine regulierende rechtliche Schlichtungsin-

stanz fehlte. Daher müssten sich die Mbowamb selbst behelfen.[49]
Wir erinnern uns: Selbstjustiz, das führt auch schon Hobbes als herausragendes Kennzeichen staatenloser Völker an. Während Hobbes aber den Menschen ohne Staat zum Wolf unter Wölfen bestialisiert, verharmlost Vicedom seine Beobachtungen. Wo es nur geht, lässt er den edlen Wilden durchschimmern.
Über Krieg bei den Mbowamb sagt er, Krieg sei irgendwie wie ein vergnügliches Sport-Event gewesen. Man habe eine Schlacht geführt, wenn es in den Dörfern zu langweilig geworden sei und die Männer mal wieder etwas erleben wollten. Bei den Gefechten habe es, egal wie wild diese ausgesehen hätten, niemals viele Todesfälle oder Verwundungen gegeben. Eine wahre Lust sei es sogar gewesen, die Männer „l a u f e n zu sehen (...) oder bei einem Angriff z. B. sei ihr Körper geradezu klassisch und formvollendet zu nennen".
Er wird nicht müde, das Komische einer Schlacht hervorzuheben. Er schreibt, für ihn sei das Betrachten des Gesäßlaubes das schönste Vergnügen gewesen, vor allem, wenn es bei den Sprüngen während des Kampfes an den Hintern der Krieger auf und ab gehüpft sei.
Er schreibt auch: Jeder schneidige Angriff, ganz gleich von welcher Seite er gekommen sei, habe Begeisterung hervorgerufen. Wie zu einer Besichtigungsreise seien die schaulustigen Angehörigen, sobald eine Schlacht ausgerufen wurde, aus allen umliegenden Dörfern eingeströmt. Kurz: Krieg, so will es uns Vicedom einbläuen, das sei Spaß, Spaß, Spaß.[50]

Die regulierte Schlacht ist seiner Ansicht nach auf kindlich-unschuldige Weise verspielt. Im zweiten Band seiner

Ethnografie beschreibt er sie sehr anschaulich: „Beide Parteien stehen sich zunächst in einiger Entfernung gegenüber und rufen sich Schimpfworte zu, womit sie sich gegenseitig beleidigen und den gegenseitigen Zorn wachrufen. Dann machen sie gegenseitig das etl rani, den Kriegsandrohungstanz, wie er auch bei Totenklagen gemacht wird. Die Parteien stellen sich hierfür in Schlachtordnung auf, stürmen unter grossem Geschrei dem Feind (etl rui wu∂) entgegen, lassen es aber nicht zu einer Berührung mit ihm kommen, sondern ziehen sich unter Geschrei und Gesang wieder zurück (...). Wird die gegenseitige Schimpferei zu wüst, dann reisst auf einmal einem Mann der kämpfenden Partei die Geduld und er stürmt zum Angriff vor. Er stimmt den Schlachtruf ue ue uju uju ue an und stürmt voran. Seine Partei stimmt in den Schlachtruf ein und folgt ihm (...). Wenn sich die beiden Parteien in die Nähe kommen, hagelt es von Pfeilen und Speeren (...). Das Gefecht am gleichen Ort dauert nicht lange, kaum einige Minuten, dann zieht sich die eine Partei unter Deckung der Schildträger zurück. Die andere Partei folgt mit grossem Geschrei und sucht ihre Geschosse anzubringen (...). So wogt der Kampf auf dem gleichen Platze immer hin und her. Alles ist voller Leben, Gerenne, Ausweichen, Deckungssuchen, Angriff, Verfolgung und dabei das Gebrüll des Kampfrufes. So kämpfen die beiden Parteien, bis es Abend wird und sie müde werden. Dann rufen sie sich einfach zu: ‚Wir wollen für heute aufhören', und trennen sich. Der Kampf beginnt gewöhnlich morgens gegen zehn Uhr und endet nachmittags um vier Uhr. Die Schilderung trifft nur auf den etl nomboklatl zu."[51]

Heiklere Phänomene waren da Verratsfest und heimlicher Überfall. Sie ließen sich nicht so einfach verniedlichen, denn bei beiden musste man schon hinterlistig sein, damit die tödliche Attacke auf arglose Feinde gelang.

Bei einem Verratsfest lud beispielsweise die Lokalgruppe, die Krieg führen wollte, eine hochangesehene Persönlichkeit aus einer anderen Lokalgruppe ein und während des Essens inszenierten die Gastgeber einen Streit, um einen Vorwand für die Tötung des Gastes zu schaffen. Über diese Täuschung äußert sich Vicedom knapp und lakonisch: „Dann hat man den Krieg, den man wollte."

Bei einer Schilderung eines heimlichen Überfalls betont er statt der Hinterlist lieber die Klugheit der angreifenden Partei. Heimliche Überfälle wurden meist nachts durchgeführt und begannen damit, dass die Angreifer die feindliche Siedlung umstellten und die im Morgengrauen austretenden Männer attackierten und töteten. Danach zogen sich die Angreifer rasch zurück.

Als Motive für einen heimlichen Überfall nennt Vicedom Racheakte, Strafexpedition oder Verzweiflung wegen reichlicher Verluste während einer vorherigen regulierten Schlacht. Für Vicedom ist der heimliche Überfall ein Zeichen für die Schlauheit und List der Mbowamb, da der Feind vorab genau studiert werden müsse. Wer schläft wo? Wann treten die Männer aus? Nehmen sie ihre Waffen mit? Wen will man töten? Wen verschonen?

Vicedom weist darauf hin, dass heimliche Überfälle immer Racheackte seien. Die Mbowamb würden folglich vermeiden, Schuldlose zu töten, um nicht in einen neuen Krieg verwickelt zu werden.[52]

Natürlich brannten die Mbowamb während eines heimlichen Überfalls auch komplette Dörfer nieder und verstümmelten Kriegsfeinde aller Altersgruppen. Darüber berichtet Vicedom lieber im Konjunktiv: „Die Zerstörungen sind oft so schrecklich, dass man denken könnte, es wären überhaupt wilde Menschen über die Siedlungen hergefallen".
Auch die Verstümmelung von Feinden wiegelt er ab. Er behauptet: Feindesverstümmelungen kämen nur bei Giftmischern vor. Ein normaler Feind würde nicht gequält werden, sondern sofort getötet, geviertelt und seine Teile ins Wasser geworfen. Aber da es Gott sei Dank in jedem Stamm eine Gruppe von Menschen gibt, die mit Gruppenmitgliedern des feindlichen Stammes verwandt seien, käme das selten vor.[53]

Es geht Vicedom eindeutig darum, die Kriegsführung der Mbowamb zu verniedlichen. Gleichzeitig greift er tief in die ethnografische Trickkiste, um seine Mbowamb in das Licht zu rücken, das sie beleuchten soll, ohne dass sie selber leuchten.
Sein Werk über die Mbowamb gehört zu einem literarischen Genre, das in der Kulturbeschreibung als ethnografischer Realismus bezeichnet wird. Bronislaw Malinowski gilt mit seiner Monografie *Argonauten des westlichen Pazifiks* (1922) als Schöpfer dieses Genres. Hauptmerkmal ist das Ideal der holistischen Gesellschaftsbeschreibung. Idealiter werden alle materiellen und immateriellen Bereiche der fremden Kultur erfasst, miteinander verknüpft und mittels Kapiteln und Unterkapiteln als absolute Darstellung der Fremdkultur präsentiert. Die Ethnografie von Georg F. Vicedom und Herbert Tischner ist ein Musterbeispiel für den ethnografischen Realismus.

Jeder einzelne Band der Trilogie ist einem spezifischen Teil der Gesellschaft gewidmet. Band I präsentiert die materielle Kultur und Wirtschaftsweise der Mbowamb und widmet sich dem musischen Bereich – Kunst, Musik, Tanz und Spiele. Band II umfasst Gesellschaftsordnung und Weltbild, während Band III die Mythen und Erzählungen auflistet. Jeder Kulturbereich ist dann wiederum in Großkapitel und Unterkapitel strukturiert. Die mehrgliedrige Unterkapitelung des Bereiches Gesellschaft wirkt wohldurchdacht. Da wären: Dorf, Sippe und Stamm. Eigentum und Erbrecht. Krieg und Frieden. Adoption, Initiation, Verlobung, Heirat und Ehe. Geburt und Name. Kinderliebe und Erziehung. Krankheiten und Medizinmänner. Tod, Bestattung und Trauergebräuche. Aber damit noch nicht genug. Auch diese Unterkapitel splittern sich wieder in einzelne Themen auf. Das Unterkapitel Krieg und Frieden beispielsweise spaltet sich in: Kriegsdefinitionen, Kriegsursachen, Blutrache, Häuptlinge als Kriegsanstifter, Häufigkeit der Kriege, Anführerschaft im Krieg, Mannschaft, Kriegsschmuck, Kriegsarten, Schlachtordnung und Strategie, Verbündete, Neutralität, Treue der Verbündeten, Bezahlung der Verbündeten, Kriegsvorbereitungen, Kriegserklärungen, Gefecht, Kriegszustand, Neutralitätszeichen, Festungen, Heimliche Überfälle, Behandlungen der Feinde, Kriegsbeute, Verluste und Niederlagen, Siegesfeier, Zweck des Krieges, Hilfe der Geister im Krieg, Friedensschluss, Vorverhandlungen, Friedensfeier und Friedenszeiten.

Puh! Klappt man dann alle Bände zu, könnte man aufgrund der akribischen Dokumentationswut der Autoren, die einem noch über fünfzig Jahre später entgegenschlägt, glauben, nun alles über die Mbowamb zu wissen, vielleicht sogar mehr, als ein einzelner Mbowamb über seine gesamte Kultur jemals gewusst hat. Schließlich haben wir gelernt, dass Zählen, Auflisten, Summieren und Abstrahieren zum wissenschaftlichen Arbeiten gehört. Ja, dass es die Fähigkeit der Abstraktion und Perfektion ist, welche die Spreu vom Weizen trennt, den Wissenschaftler vom Laien unterscheidet. Das mag in der Konstruktion technischer Maschinen und für naturwissenschaftliche Disziplinen zutreffen, aber sobald man es mit Menschen im Allgemeinen und Menschen fremder Kulturen im Speziellen zu tun hat, wird aus dem Perfektions- und Strukturierungswahn schnell numerische Manipulation. Aus Wissenschaft ist dann Maskerade geworden. Eine öde Aneinanderreihung nichtssagender Daten.

Nett, wenn sie sich wenigstens witzig lesen. Bei Vicedom ist das jedenfalls der Fall. Ein auf den heutigen Leser komisch wirkendes Beispiel aus dem allgemeinen Teil ist die Textstelle, in der Vicedom die Arten der Frauenbrüste auflistet: „Die B r u s t der Frauen ist meist gut entwickelt. Von 44 gemessenen Frauen hatten 17 Hängebrüste, 24 spitze und 3 birnenförmige Brüste; letztere gelten als unschön"[54].

Natürlich hätte der Leser nun gerne gewusst, wer birnenförmige Brüste als unschön empfunden hat. Die Mbowamb-Männer? Die Frauen mit den schönen Brüsten oder die Birnenbrüstigen? Oder der Missionar Vicedom selber? Wie hat er die Brüste überhaupt gemessen? Legte er einen Maßstab an? Oder per Augenmaß? Gewiss lässt sich nur über die Akribie des Brüstebeschreibens sagen, dass auch sie zum ethnografischen Realismus passt, zur museal orientierten Arbeitsweise

Vicedoms und Tischners. Dass sie aber auch verrät, wie kühl die Beziehung zwischen Vicedom und den Frauen gewesen sein muss, wenn er eine noch so bedeutungslose Sache wie die Form ihrer Brüste dem Leser wie ein Schauobjekt in einer Museumsvitrine offeriert, isoliert vom realen Menschen und außerdem der Lächerlichkeit preisgegeben.

Man glaubte seinerzeit, man könne eine andere Kultur nur durch Abstrahieren holistisch beschreiben. Die Gefahr dabei ist: Wer abstrahiert, schert aber alle Menschen einer Gruppe grob über einen Kamm. Auch alle Ereignisse, in denen sich kulturell Fremde als eigenständige Individuen offenbart haben, die sich dem Konsens der Gruppe nicht beugten. Denn heute weiß man: In jeder Gruppe oder Subgruppe, die sich nach außen gerne als homogen präsentiert, herrschen unter ihren Mitgliedern oftmals konträre Meinungen. Diese werden aber oft nicht ausgesprochen oder von dominanteren Gruppenmitgliedern unterdrückt, weil sie beispielsweise den Interessen eines elitäreren Binnenkreises aus der Gruppe schaden könnten. In vermutlich allen Kulturen fluktuieren konträre Ansichten und „gefährliche" Individuen. Letztere erhalten nicht selten Sonderposten, wo sie weniger auffällig sind. Oder sie werden mittels sublimer Methoden unterdrückt und im Extremfall von der Gruppe ausgeschlossen. Randexistenz und menschliche Individualität zeigen sich in den spannungsreichen alltäglichen Situationen, die daher empirisch genau beobachtet werden müssen, will man der Gesamtgruppe gerecht werden. Aber das ist nicht so einfach. Diese spannungsreichen alltäglichen Situationen sind sogar „reines Gift" für Ethnografen, die eine glatte, stimmige Gesellschaftsbeschreibung anstreben. Spannungen innerhalb einer Gruppe weisen auf die Brüche und Unstimmigkeiten innerhalb der Gruppe hin und sind oft sehr kompliziert zu entschlüsseln, weil man genau diese ja kaschieren will. Außerdem sind es genau die Unstimmigkeiten, die das erwünschte Generalisieren erschweren. Generalisieren ist aber oft notwendig, um Thesen zu bilden. Im ethnografischen Realismus war es üblich, individuelle Äußerungen auszusparen. Der kulturell Fremde trat niemals als Individuum auf. In der Schilderung alltäglicher Situationen erhält der indigene Protagonist niemals einen persönlichen Namen, sondern er ist immer einer von vielen, er ist alle, sein Habitus ist der Habitus der Gesamtkultur, das, was er ausdrückt, ist das, was die Gruppe denkt.

In diesem Sinne schildert Vicedom zwar singuläre Ereignisse aus dem Alltagsleben der Mbowamb, nennt aber selten einen Protagonisten der fremden Kultur beim Namen, sondern spricht von ihnen in der dritten Person Plural. Das klingt bei ihm dann so: „Der Mbowamb hat kein anderes Mittel strafend einzugreifen und sich zu rächen, als zu den Waffen zu greifen."[55]

Sobald ein Ethnograf eine ihm fremde Kultur in präzise strukturierte Einzelbereiche einteilt und dem Leser damit suggeriert, es mit einer perfekten, weil ganzheitlichen Kulturbetrachtung zu tun zu haben, hat es der Leser oftmals eher mit der Profilierungssucht des Ethnografen zu tun. Hinter dem Ordnungs- und Klassifikationswahn steckt nämlich nicht selten der Wunsch des Ethnografen, sein Werk als wohldurchdacht und wissenschaftlich zu legitimieren.

Spätere Ethnografen, die im Rahmen der Cultural-Writing-Debatte die Darstellung anderer Kulturen revolutioniert haben, indem sie forderten, die Dargestellten selbst zu Wort kommen zu lassen, bezeichneten diese Klassifizierungswut als rhetorische Trope, als inhaltsloses Schönheitsmerkmal.[56]
Wenn man Wissenschaft als Versuch begreift, eine komplexe Welt samt ihren Phänomenen möglichst wahrheitsgenau zu erfassen, zu deuten und einzuordnen, scheitert der ethnografische Realismus an seinem eigenen Anspruch. Um fremde Kulturen zu begreifen, darf man ihnen kein westliches Ordnungschema und keinerlei Typologie überstülpen. Auch wenn man sie in noch so akademische Worthülsen packt, sie würden über die kulturell Fremden nichts von Belang aussagen, weil sie nur in unserer eigenen Kultur gültig sind, wenn überhaupt.
Wie schreibt man dann über eine fremde Kultur? Wie kann man sich kulturell Fremden nähern, ohne dass wir sie gleich mit eigenen Erklärungsmustern definieren?
Der Anspruch ist kein geringerer, als die fremde Kultur aus sich selbst heraus zu beschreiben. Dazu muss man seinen kulturellen Kompass also schön beiseitelegen. Sonst können wir die emische Perspektive nicht einnehmen. Emisch meint die Innenperspektive einer Gesellschaft. Nur durch sie können wir die fremdkulturellen Verhaltensweisen entschlüsseln. Bei den Mbowamb wäre sie das gewesen, was sie selbst über ihre Kriegsführung erzählen. Damit wären wir aber beim nächsten Problem. Vermutlich hätten sich die Aussagen der Männer gravierend von den Aussagen der Frauen unterschie-

den. Und vor einer Schlacht hätten sich dieselben Männer gewiss ganz anders geäußert als während oder nach der Schlacht. Außerdem wären ihre Äußerungen von ihrem gesellschaftlichen Rang abhängig gewesen und auch davon, ob sie richtig zu den Mbowamb gehört haben oder beispielsweise „nur" eingewandert sind und dann adoptiert wurden. In den meisten Fällen haben die Mbowamb kriegsgefangene jüngere Kinder nicht getötet, sondern adoptiert, um ihre Gruppe zu vergrößern. Auch diese Kinder hätten sich als Erwachsene anders geäußert als alteingesessene Mbowamb. Aber es geht noch weiter. Eine Frau, die während der Schlacht einen männlichen Verwandten verloren hat, würde sich wiederum auch anders über die Kriegsführung äußern als eine, deren Ehemann gerade zum Kriegshelden gekürt wurde. Dann hätte noch eine weitere Rolle gespielt, wie die Präsenz von Vicedom auf die Mbowamb gewirkt hat. Vertrauten sie ihm? Sahen sie in ihm einen Kolonialisten im neuen Gewande? Wollten sie sich vor ihm als Helden aufspielen? Oder den Leidenden spielen, um in den Genuss seiner Medizin zu kommen? Die Liste möglicher Verfälschungen ließe sich endlos fortsetzen.

Man sieht, fremde Kulturen sind niemals homogen, sondern immer chaotisch, widersprüchlich und fragmentarisch. Will man sie möglichst wahrheitsgenau erfassen, konzentriert man sich lieber auf eine kleine, spezielle Einheit aus der Gruppe, zum Beispiel nur auf die adoptierten Kinder. Aber selbst da wird es zu Widersprüchen, Weigerungen und Falschaussagen kommen und dann merkt man erst, wie bequem es die damaligen Ethnografen hatten. Wie bequem Stereotype sind!

Die Außenperspektive und die Ordnungsmanie ermöglichen, alle Unklarheiten, Brüche und zwischenmenschlichen Peinlichkeiten unter den Teppich zu kehren, ohne mit der Wimper zu zucken.

Es ist deshalb nicht verwunderlich, dass die Generalisierungen, die Vicedom den Mbowamb in den Mund legt, hölzern und erfunden wirken: „Bei den Mbowamb gilt besonders der Grundsatz: Wer nicht arbeitet, soll auch nicht essen!"[57]
Oder: „Doch lassen wir die Mbowamb selbst reden. Die Männer besitzen die Perlmuscheln, (...). Wenn ein Mann solche Wertstücke hat, dann sagt er: namən təp mir, ich selbst habe es und bin da."[58]
Die gesamte Ethnografie ist im Präsens geschrieben. Das dient mehreren Zielen. Erstens, um doch noch Leben in die Bude zu bekommen, denn schließlich hat man es nicht mit elektrischen Stromleitungen, sondern mit Menschen zu tun. Zweitens, um das Bild einer Kultur zu etablieren, die offenbar zeitlos und traditionell ist. Morgen also noch so wie vor Tausenden von Jahren.[59]

An dem Beispiel sieht man auch, dass Vicedom auch gerne mal indigene Ausdrücke und Sprachproben aus dem Metlpa liefert, um Kulturkennerschaft zu zementieren. Er weist den Gesamttext hindurch immer wieder gerne darauf hin, dass er die Eingeborenen-Sprache erlernt hat, und untermauert seine Kennerschaft und die Authentizität des Kulturkontaktes dadurch, dass er Metlpa-Wörter in die einzelnen Kapitel einflechtet. Auch verdeutlicht er dem Leser immer wieder in speziellen Passagen, dass er wirklich bei den Mbowamb gewesen ist. „Wir haben uns im Laufe der Darstellung bemüht, all das zu bringen, was ich draussen bei den Mbowamb erforschen konnte"[60], schreibt er beispielsweise am Schluss, hat aber davor nicht unerwähnt gelassen, dass er auch so manchem Geheimnis auf die Spur gekommen ist. Anlässlich der Vorbereitungen für das *Gorokonda*-Fest gelang es ihm prompt, zum Geheimplatz der Ndika-Mbowamb vorzudringen. Man führte ihn „mit grosser Heimlichkeit durch einen Zaun hindurch, am Männerhaus vorbei, durch einen zweiten Zaun" und überrascht stellte er fest, dass „dort noch eine Fortsetzung der Baumreihen des Tanzplatzes zu finden" war.[61]

Das ist eine der aufschlussreichsten Passagen seines Werkes überhaupt. Will sie doch verdeutlichen, zwischen dem Ethnografen und dem kulturell Fremden habe eine Nähe bestanden. Diese hat gewiss in Maßen auch bestanden, schließlich missionierte Vicedom viele Jahre bei den Mbowamb und erlernte außerdem ihre Sprache, bloß ob sie sich wirklich nahegekommen sind? Jedenfalls spürt der Leser nichts von dieser Nähe und vor allem spürt er die Nähe der Mbowamb nicht. Sie wirken eher wie Spieler im Hintergrund eines Theaterstückes, in dem Vicedom als Hauptdarsteller brilliert. Ihr einziger Daseinszweck scheint der eines Sprachrohres zu sein. Und: Der eine Mbowamb ist wie der andere. Was der eine sagt, hätten auch alle anderen an seiner Stelle gesagt. Meistens versteckt sich hinter derartigen Typisierungen und Generalisierungen nicht nur der wissenschaftliche Impetus des Autoren, sondern auch eine traurige Wahrheit: Man war zwar da, hat aber nur wenig über die Menschen erfahren. Die Gründe hierfür sind vielfältig, sei es, weil man mehr darauf geachtet hat, seine eigenen Interessen bei ihnen durchzusetzen. Sei es, weil man sie missionieren wollte, weil man auf Durchreise war oder rasch eine These überprüfen wollte. Oder weil man ein großes Hilfsprojekt wie den Bau eines Staudamms oder eines

Opernhauses bei ihnen verwirklichen wollte. Oder weil es ohnehin keine gemeinsame Sprachbasis gegeben hat. Oder weil man nur mit den dominanten Vertretern gesprochen hat, die eigentlich nur ein bürokratisches Idealbild bei dem Besucher installieren wollten. So kam man sich eben nicht nahe.

Stereotype sind das Produkt großer Distanz. Das beste Mittel, um sie vor dem Leser zu vertuschen, ist die Anreicherung des Textes mit persönlichen Anekdoten und Betrachtungen. Nicht nur darin ist Vicedom Meister, er versteht sich auch in der Kunst der unfreiwilligen Komik, die ganz so unfreiwillig nicht ist, denn – wie schon bei den Brüsteformen – ist es ein Zwinkern zum Leser hin, während er die Mbowamb der Lächerlichkeit preisgibt. Zu den schönsten Beispielen gehört das nachfolgende: Über das Gesäß eines Mbowamb schreibt er, es sei so hart, dass es nicht gelang, „eine Kanüle hindurchzubringen"[62]. Derartige Komik lockert das starre Korsett der Monografie aber nur scheinbar auf. Jede Betrachtung Vicedoms dient letztlich der Festigung seines Standpunktes als Missionar. Als solcher scheint es ihm wichtig zu sein, das Gutmenschentum der Mbowamb hervorzuheben, ohne sie dann allzu gut werden zu lassen.

Aus subtile Weise, wenn er die sozialen Unterschiede bei den Mbowamb als „unsozial und als nicht eingeborenenmässig" empfindet.[63] Nicht „eingeborenenmässig"? Lacht uns da nicht ein bisschen das Phantom des edlen Wilden entgegen?

Weniger subtil, wenn er die Mbowamb in höchsten Tönen lobt: Sie seien nicht nur sauberer, hübscher, von aufrechterem Gang und geschickter als die benachbarten Ethnien, sondern im Gegensatz zum Europäer würden sie

auch keine Kurzsichtigkeit und keine Farbenblindheit kennen. Sie könnten sogar in der Dunkelheit lesen und ihre Haut sei abgehärteter durch die Witterung. Außerdem seien sie viel bedürfnisloser und im Gegensatz zum Europäer erhabener und daher glücklicher. Kannibalismus soll in früheren Zeiten vorgekommen sein, jetzt aber hätten die Mbowamb einen Ekel vor den Menschen, die dem Kannibalismus huldigen.
Jetzt? Was heißt das? Seit die Missionare im Lande sind?
Der Hammer ist jedoch folgende Aussage: „Das Wissen, das die Europäer erst nach einem langen Studium erreichen, würden die Mbowamb einfach so mit sich herumtragen."
Zur Untermalung ihrer herausragenden Stellung unter anderen Völkern betont Vicedom auch die paradiesische Umgebung, in welche diese „edlen Naturmenschen" sich perfekt hineinschmiegen.
Schwärmerisch schreibt er: „Wie passen diese braunen, schweigenden, andächtigen Gestalten in den schweigenden, wunderbaren Wald. Hier ist Natur und Mensch miteinander verschmolzen."[64]
Benachbarte Ethnien waren längst nicht so erhaben wie seine Mbowamb.
„Diese Eingeborenen sind ungeheuer frech in ihrem Betragen und sehr lose in ihren Sitten auf sexuellem Gebiet", schreibt er über die Siane im Talkessel des Marifutika.[65]
Er erkannte: Das größte Übel waren für die Einheimischen der Insel die Kolonisatoren und Goldsucher, aber auch die pazifistischer gesonnenen Siedler und Händler korrumpierten das einfache Wesen des edlen Waldmenschen. Durch sie lernten die Mbowamb die materiellen

Annehmlichkeiten der Europäer kennen – und vor allem schätzen! Doch Vicedom, möchte man glauben, gönnt es ihnen nicht.

Er sagt: Der Zugang zu Geld, Kattun-Tüchern, Eisenwerkzeugen und westlicher Bekleidung hätte neben der Faulheit, weil sie nun diese Dinge nicht mehr selber herstellen wollten, vor allem die Promiskuität gefördert, da sich durch die Wertsachen die Männer nun mehr Frauen leisten konnten, als die Natur für sie vorgesehen hat.

„Man sieht also, dass die blosse Anwesenheit der Europäer sich zum Fluch der Eingeborenen auswirkt", kommentiert er den europäischen Einfluss insgesamt.[66]

In Vicedoms edlem Wilden muss aber auch ein Tröpfchen bösen Blutes fließen. Denn wenn sie schon so perfekt sind, bräuchten sie ja nicht mehr missioniert zu werden. Ärgerlich an den Mbowamb findet er daher, dass sie und ihre Nachbarn auf den Vorstoß der ersten Neuendettelsauer Missionare Pilhofer, Stössel und Örtel feindselig reagiert haben und dass sie unerträglich riechen und an Dämonen glauben. Er empfindet die Kinder als unerzogen und diebisch und glaubt, dass es das Erziehungsziel der Mbowamb sei, die Kinder zu rücksichtslosen Menschen zu machen. Was ihm noch missfällt, ist, dass sie „in Rubriken denken".

Um dem Tröpfchen bösen Blutes ein konkretes Beispiel zu geben, schildert er sehr ausgiebig die Biografie eines Diebes, Vergewaltigers, Kriegshelden und Mörders namens Jamka Ko.[67]

Damit das Bild aber nicht kippt, bewertet er Gewaltakte innerhalb eines Dorfes als Ausnahmeereignisse. Abgesehen von dem horriblen Lebenslauf des *Jamka Ko* nennt er nur noch eine konkrete Gewalttat. Als ein eifersüchtiger Ehemann das Geschlecht seiner Frau mit Glutasche versengte. Dieses Ereignis war aber derart ungewöhnlich, dass es zehn Jahre später noch erinnert werde, betont er.[68]

Wozu dieses Pendeln zwischen Gut und Böse, wobei das Pendel meistens ins Gute ausschlägt? Wozu zieht sich der Komplementärmythos edler und böser Wilde überhaupt wie ein unentwirrbares Knäuel durch die gesamte Ethnografie?
Zur Klärung schauen wir erst auf das widersprüchliche Bild, das er von den Europäern zeichnet. Er schreibt ihnen neben dem großen negativen Einfluss auch drei gute Sachen zu – die europäischen Rechtsnormen, das erzieherische Wissen und das Christentum. Dadurch hätten die Einheimischen gelernt, auf Kriege, Blutrache und Giftmischerei zu verzichten.[69]
Das heißt: Bei den kriegerisch veranlagten Mbowamb herrscht durchaus großer Bedarf an europäischen Hochkulturwerten! Es müsse aufhören, schreibt Vicedom, dass sie ihre Kinder zu rücksichtslosen Menschen erzögen.
Er wirft ihnen aber auch hilf- und haltlose Naivität vor. Es müsse auch etwas dagegen getan werden, warnt er an anderer Stelle, dass sie dem oberflächlichen Wertesystem der Europäer hilflos ausgeliefert seien und dass sie durch die plötzliche Kommerzialisierung zur Vielweiberei neigen. Menschen wie Jamka Ko müsse geholfen werden. Der Dämonenglaube abgeschafft, damit die Mbowamb nicht mehr so furchtsam seien.
Jetzt hat er seine Motivation offengelegt: Vicedom möchte durch den Hinweis auf die Schwächen der Mbowamb seinen Missionsauftrag rechtfertigen.

Aber wozu dann die Figur des edlen Wilden? Wozu schwärmt Vicedom über die Mbowamb, sie seien glücklich, zeitunabhängig und bedürfnislos? Wozu präsentiert er sie als Menschenschlag, der keine Perversitäten kenne und sich durch eine blütenweiße Unberührtheit auszeichne? Der Topos vom zivilisierbaren edlen Wilden zieht sich am auffälligsten durch die gesamte Schilderung der Kriegsführung. Krieg, konnotiert mit Spiel, Vergnügen, Sport und Erlebnis, hebt die liberale Position von Vicedom und sein Ideal von Unberührtheit (um der Christianisierung willen) hervor. Dieser dichotome Stil ist überhaupt typisch für die frühe Berichterstattung von Missionaren über die melanesische Kriegsführung.[70]
Hinzu kommt: Vicedom verknüpft das Bild des edlen, aber noch unzivilisierten Mbowamb eng mit Paradiesvorstellungen. Er hebt inständig die Reize der tropischen Insel hervor und beschreibt deren Bewohner als schön und unverdorben. Außerdem weist er immer wieder auf die Harmonie zwischen Mensch und Natur hin. Damit weckt er beim Leser Anklänge an Adam und Eva, das erste Menschenpaar in Gottes Garten. Adam und Eva waren so lange Gottes Lieblinge, wie sie nackt, unschuldig und unwissend waren. Sobald sie aber den Apfel vom Baum der Erkenntnis verspeist hatten, wurden sie sündig. Mit dem Wissen um die Nacktheit begann der Abstieg des Menschen. Er wurde zum sündigen Wesen.
Die Mbowamb stellten als nackte, unschuldige und unwissende Menschen die „idealen Heiden" dar. Der „ideale Heide" muss von Natur aus zivilisierbar sein. Das geht nur, wenn er – egal welchen „Götzen" er huldigt – in sich ein universelles Menschsein trägt. Dieses universelle

Menschsein zeigt sich in einer edlen Gesinnung. Und diese hebt Vicedom freilich gerne bei den Mbowamb hervor.[71] Es ging Vicdom um die Ausbreitung seines christlichen Glaubens. Seinen missionarischen Eifer erwähnt er jedoch niemals explizit. Er kehrt sein missionarisches Licht aber auch nicht unter den Scheffel, sondern sieht sich als ein Glied in einer langen Kette. Wenn auch die ersten Missionare an der Feindseligkeit der Einheimischen scheiterten, schreibt er, so gelang doch ihre erfolgreiche Befriedung. Denn durch den Einfluss der Missionare gaben die Mbowamb ihre Kriege auf, ekeln sich vor Kannibalismus und wandten sich dem Christentum zu. Das Erfolgsrezept der Neuendettelsauer Missionare war, dass sie bewusst „Gäste und Fremde unter den Eingeborenen" blieben, aber trotzdem oder gerade dadurch eine alle anderen Europäer überragende Stellung unter ihnen gewannen. Dadurch wurde die Bevölkerung „von innen heraus überwunden, ohne dass sie gebrochen wurden".

Ihre Aufgabe sahen die Missionare darin, einerseits „Volkstum und Recht der Eingeborenen zu schonen" und andererseits sie dahingehend zu stärken, dass sie „in dem Auflösungsprozess, den die Europäer in das Gemeinschaftsleben der Einheimischen hineintragen, nicht unterliegen". Vicedom greift seiner Zeit voraus, wenn er zugibt, dass durch die Missionare auch „Schäden" bei den Einheimischen angerichtet worden seien, dass diese „Schäden" aber nichts seien im Vergleich zu denen, welche die „blosse Anwesenheit der Europäer" angerichtet habe, oder gar die Kolonialakteure, welche die Einheimischen als „Ausbeuteobjekte" behandelt haben.

Bemerkenswert und fast schon im Widerspruch zu seiner missionarischen Aufgabe klingt seine Ansicht, dass die indigene Bevölkerung viel glücklicher leben würde, wenn sie „unberührt" geblieben wäre. Aber dann, so Vicedom, „hätte sie ganz unberührt gelassen werden müssen." Seine außergewöhnliche Selbstreflexion ist fast schon wohltuend. Sie hebt ihn aus dem selbstgefälligen Meer vieler damaliger Missionare heraus.

Zusammenfassend lässt sich sagen, dass die Zivilisationskritik, die von Tischner und Vicedom geäußert wird, zwar zutreffend ist, aber trotzdem an den Mbowamb vorbeigeht. Denn niemals geht es den beiden darum, die Mbowamb in ihrer kulturellen Selbstbestimmung zu begreifen und zu unterstützen. Die Zivilisationskritik dient jeweils der eigenen Sache. Tischner will Artefakte sammeln und fürchtet, nicht mehr genug zusammenzubekommen, bevor die Mbowamb „ausgerottet" werden, und Vicedom möchte missionieren, bevor die Mbowamb von der technokratischen Wohlstandsgesellschaft infiltriert werden.

Die Zivilisationskritik dominiert den Text in Gestalt der Kritik an der Zerstörung der „unberührten Naturmenschen" durch insbesondere europäisch-koloniale Praktiken der Ausbeutung, doch gleichzeitig hat sich keiner für die Unberührtheit und kulturellen Werte der Mbowamb eingesetzt.

Marvin Meggitt oder von der Knappheit der Frauen (1977)

> Das Königreich Gottes, Eden, das Konzept der Wahrheit, der Nationalstaat, die Sprache, die Ökologie und der Geist werden als Ganzheiten gedacht, hauptsächlich infolge einer spezifischen intellektuellen Geschichte.[72]
>
> Obwohl es von den Tatsachen abhängen kann, welche Aussagen wahr sind, ist folglich der Umstand, dass sie die Anwartschaft darauf besitzen, als wahr zu gelten, das Resultat eines historischen Ereignisses.[73]

Wir wissen jetzt: Ethnografen sammeln nicht nur Daten und schreiben ihre Eindrücke nieder, sondern sie prägen durch ihre Gesellschaftsbeschreibung oft auch ein falsches, stereotypes und irreversibles Bild einer fremden Kultur. Manchmal sitzen Menschen späterer Generationen noch derartigen Kulturbildern auf.

Wie Leahy vier Jahrzehnte früher, so liefert Marvin Meggitt in seiner Kriegs-Ethnografie *Blood is their Argument* (1977) ein ähnlich horribles Bild über die Mae Enga im westlichen Hochland von Papua-Neuguinea. Sein Gesellschaftsbericht weckt den Eindruck, geschrieben worden zu sein, um Hobbes' Thesen vom bösen Wilden als Wolf unter Wölfen in die Postmoderne zu transportieren. Und dies, obwohl Meggitt, der sich seit den 1950er-Jahren immer wieder stationär bei den Mae Enga aufgehalten hat, ab 1956 erst einmal zahlreiche Schriften über andere Gesellschaftsbereiche veröffentlichte. Ursprünglich war er nämlich zu den Mae Enga gereist, um ihre

Verwandtschaftsbeziehungen zu erforschen. Nachdem er aber über die Lineage-Systeme bei den Mae Enga eine Monografie publiziert hatte, widmete er sich der Frage, warum die Mae Enga permanent Kriege führen. Er war überzeugt davon, dass jede alltägliche Situation ihr kriegerisches Wesen spiegele. Der ethnologischen Schulrichtung des Funktionalismus angehörend, ging Marvin Meggitt davon aus, dass jede Kultur ein in sich abgeschlossenes Isolat darstellt, in dem jedes soziale Phänomen mit einem anderen korreliert und nur deshalb existiert, weil es für die soziale Gemeinschaft nützlich ist. Diese Sichtweise blendete natürlich aus, dass jede soziale Gruppe permanent äußeren Einflüssen ausgesetzt war und ist. Heirat, Handel, Krieg, Wanderungen und Migration wirken auf jede Unität ein und verändern ihre kulturellen Praxen und Weltbilder. Natürlich kann eine Ethnie, die sich von Außenkontakten bedroht fühlt, mit Verschlossenheit und Rückzug reagieren, aber dann ist diese isolate Situation eben Konsequenz eines belastenden interkulturellen Kontaktes und keine naturgegebene Angelegenheit.

Ungeklärt bleibt im Funktionalismus auch, weshalb eine Kultur ein spezifisches Phänomen herausgebildet hat, wo es doch noch andere Alternativen gegeben hätte.

Den Gedanken also, andere Völker ließen sich wie Goldfische im Glasbehälter bequem studieren, musste die Ethnologie längst aufgeben.

In seiner Ethnografie mit dem aussagekräftigen Titel *Blood is their Argument. Warfare among the Mae Enga Tribesmen of the New Guinea Highlands* untersucht Meggitt die Kriegshandlungen der Mae Enga unter dem Aspekt der Nützlichkeit für die soziale Gruppe.

Er betrachtet die Mae Enga dabei wie Fische im Glas und schildert sie als äußerst aggressive und kriegerische Kampffische. Er schreibt, das kriegerische Element penetriere ihre gesamte Kultur und schlage sich in allen gesellschaftlichen Bereichen nieder.

Er berichtet nicht nur akribisch über den endemischen Kriegszustand, sondern betreibt auch Ursachenforschung. Ganz im Trend seiner Zeit unterbreitet er dem Leser ein kulturökologisches Erklärungsmodell. Dadurch wurde seine Monografie ein wichtiges theoriebildendes Werk zur Kriegsforschung, obwohl schon alleine der Titel misstrauisch stimmen müsste. *Blood is their Argument* zeugt davon, dass Meggitt einer in Ozeanien bewährten Tradition folgt, im Titel bereits Schlagwörter wie Krieg, Kopfjagd oder Kannibalismus auftauchen zu lassen, um beim Leser die wohlbekannten Assoziationen zu wecken, die alle auf die fadenscheinige Einsicht hinauslaufen, die kulturell Fremden seien monströse Kreaturen, welche die eigenen zivilen Errungenschaften bedrohen.

Diese Tradition, die kulturell Fremden als gefährliche Bestien darzustellen, kennen wir schon aus Kolumbus' Zeiten, sie hat sich aber bis zum Ende des 19. Jahrhunderts verschärft. Man warb mit effekthascherischen Titeln strategisch nach Lesern. Am liebsten wurden jene Bücher gelesen, in denen sich ein zivilisierter Held gegen grausame Primitive zur Wehr setzen musste und am Schluss die Zivilisation über das Primitive siegte.

Es ist also bezeichnend und wirft kein gutes Licht auf Meggitt, wenn er schon in seiner Titelwahl dieser Strategie folgt. Auf den ersten Seiten beschwört er auch gleich den permanenten Kriegszustand der Mae Enga. Vor der kolonialen Befriedung, will er wissen, sei eine der Lokalgruppen innerhalb von 45 Jahren in 28 Kriege verwickelt gewesen. Eine andere Lokalgruppe hätte zwischen 1961 und 1973 sogar 60 Kriege geführt. Als Ursache von 44 dieser 60 Kriege nennt er Landknappheit.[74] Die regulierte Schlacht mit ihren stilisierten Kampfweisen definiert er als Zeichen der permanenten Bereitschaft zum Kämpfen und an der Schmach, die einem Jungen widerfährt, wenn er ängstliches Verhalten zeigt, erkennt er die Aggression, die als höchstes Mannesideal gilt. Er schreibt, jeder Mann sei darauf erpicht, in seinem Leben die Gelegenheit zu bekommen, einen anderen zu töten. Dann erst sei er nämlich ein Mann.[75] Unter den Motiven für kriegerische Auseinandersetzungen zählt Meggitt neben gemeinhin bekannten Motiven wie Krieg um Land und Besitz auch Rache für Vergewaltigung, Gewalttaten oder Betrügereien auf.

Wenn ein Mae Enga während des Schweinetauschzyklus *tee* mehr ausgibt, als er zurückerhält, ist der Vorwand gegeben, einen Krieg anzuzetteln. Außerdem könne jeder junge Mann dadurch wichtige Erfahrungen im Töten sammeln. Daher glaubt Meggitt, die Mae Enga hätten auch einfach aus Spaß am Töten Kriege geführt.[76] Meggitt listet auch die Guerillatechniken Hinterhalt und heimlicher Überfall als regelmäßige Ereignisse auf. Mit alledem weckt er beim Leser das Bild einer Gesellschaft, in der Gewalt ein integraler Bestandteil des Alltags ist. Als waschechter Funktionalist liefert er auch aus anderen Gesellschaftsbereichen eine Reihe delikater Beispiele. Er schildert einen Fall, in dem einem Mann, der Gartenfrüchte gestohlen hat, beide Handgelenke abgeschnitten wurden. Kinderspiele, in denen mit Ästen oder Steinen gekämpft wird, interpretiert er als Imitationen und Vorübung auf Krieg. Pädagogische Strafen sieht er als durchdrungen von Freude an sadistischer Gewalt. An der Tagesordnung sollen die Prügelstrafe, das Fesseln, das Rösten über einem kleinen Feuer und das Ritzen mit Messern gewesen sein.

Als krönenden Abschluss weiß er von einem Fall zu berichten, in dem ein Vater seinem ungezogenen Sohn die Ohrläppchen abgeschnitten hat und sie dem Sohn zu essen gab, auf dass er in Zukunft besser auf ihn höre![77]
Da haben wir sie endlich, unsere authentischen bösen Wilden der Neuzeit!

Bloß: Wenn es die drakonischen Strafen tatsächlich bei den Mae Enga gegeben hat, so sagen sie noch lange nichts über das gesamtgesellschaftliche Gewaltpotenzial aus. Genau genommen, sagen die Beispiele uns nur darüber etwas aus, in welche Winkel Meggitt den Strahl seiner Erkenntnislampe gerichtet hat und welche Winkel er im Dunkeln beließ.

Gewalt ist es, die uns, weil beleuchtet, entgegenleuchtet! Würde ein Ethnologe aus einem fernen Land bei uns in Deutschland Feldforschung über Gewalt betreiben und nur solche Situationen und Aussagen verwerten, in denen Gewalt eine Rolle spielt, würde er die Deutschen als höchst gewalttätiges Volk entlarven. Gewalt und Mord sind selbst in einer mittleren Großstadt an der Tagesordnung, Frauen fliehen vor den Schlägen ihrer Männer ins Kinderhaus, andere ertränken ihre Babys in der Badewanne, zerstückeln sie, tüten die einzelnen Gliedmaßen ein und stecken die Tüten in die Gefriertruhe. Jugendliche liefern sich Boxgefechte in U-Bahnhöfen, schlagen Passanten nieder, die sie höflich gemahnen, außerhalb der U-Bahnzone zu rauchen. Und alle paar Monate kommt es wieder zu einem der verstörendsten Kriminaldelikte, den die Schlagzeilen kennen: Ein Familienvater hat mal wieder im Rahmen eines erweiterten Selbstmordes seine ganze Familie ausgelöscht. Man sieht, um die „Ethnie der Deutschen" wäre es schlecht bestellt, wenn man ihre Kultur unter dem Aspekt von Gewalt betrachten würde.

Genauso dürfte es auch bei den Mae Enga geschehen sein: Durch die einseitige und negative Kulturbeschreibung entsteht vor dem Auge des Lesers das Bild einer kriegerischen Kultur.

Nun beließ es Meggitt aber nicht bei der Auflistung von Bösartigkeiten, sondern ging noch einen Schritt weiter und verknüpfte das Kriegspotenzial der Mae Enga mit einer schlüssigen Theorie – der Theorie von der Landknappheit.

Schon zu Beginn seiner Ethnografie weist er den Leser auf die hohe Bevölkerungsdichte im Zentralgebiet der Mae Enga hin. Ein Quadratkilometer, schreibt er, wird von 120-140 Personen besiedelt.[78]

Als Vertreter der funktionalistischen Schule, die Krieg als einen integralen Bestandteil der sozialen Ordnung auffasst, sucht er die Ursachen für kriegerische Auseinandersetzungen in ökonomischen Zwängen. Wenn zu viele Menschen auf einem Stück Land leben, gäbe es Engpässe bei der Versorgung, ist sein Fazit. Dann würde Ressourcenmangel folgen und der Mangel an Süßwasser, Feldfrüchten und tierischen Proteinen würde dazu führen, dass eine Ethnie nicht anders könne, als permanent Krieg mit anderen zu führen, um ihnen die Ressourcen zu rauben.

Krieg um Land ist ein kulturökologisches Erklärungsmodell, das plausibel klingt. Aber alles, was plausibel klingt, ist nicht immer richtig. Oder es ist nicht der einzige Faktor, der zählt. Einfache Erklärungen sind deshalb so einfach, weil sehr viel ausgeblendet wird. 1998 konnte Meggitts These von anderen Ethnologen widerlegt werden. Sie fanden heraus, dass die Mae Enga viel mehr Land besessen hätten, als sie bewirtschaften konnten.[79]

Jürg Helbling, der sich mit Krieg und Frieden in indigenen Gesellschaften beschäftigt, weist auf Alternativen hin, wenn eine soziale Gruppe auf zu knappem Boden lebt. Dazu gehören das Ausweichen einzelner Mitglieder oder Gruppen in weniger dicht besiedeltes Areal oder eine intensivere Nutzung der Landwirtschaft. Landknappheit und Ressourcenknappheit sind nach Helbling darüber hinaus sowieso eher eine Konsequenz kriegerischer Auseinandersetzungen denn eine Ursache.[80]

Bruce Knauft weist auf ein Paradox hin. Ethnien, die in der ethnografischen Literatur als besonders kriegerisch auffallen (Yanomami, Shuar, Mekranoti, Waorani, Tauna Awa, Usurufa, Tauade, Fore, Angab, Kewa, Wola, Miyanmin und Baktaman) würden sogar aufgrund einer sehr niedrigen Bevölkerungsdichte eher überhaupt sehr selten an Landknappheit leiden. Das kulturökologische Modell ist daher nicht nur unstimmig, es hat für ihn sogar neben dem monokausalen Ansatz noch den Fehler, dass es historische und politische Prozesse untergräbt. In dem Fall der Mae Enga blendet es die Wechselwirkung mit der Kolonialzeit aus.[81]

Die Ethnologin Danielle Bazzi, die sich in den 1990ern bei den Mae Enga aufgehalten hat, um das Schweinetauschsystem *tee* zu erforschen, berichtet von einer Serie gewaltsamer interkultureller Begegnungen während der Kolonialzeit. Die ersten schriftlich fixierten Kontakte hatten die Mae Enga zu den Goldsuchern, die ab 1930 ihr Gebiet durchkämmten. Diese Kontakte waren geprägt von Rassismus und Übergriffen auf die Einheimischen. Von den bekannten Goldsuchern wie den Gebrüdern Leahy, Fox und der Familie Schmidt ist der Fall Schmidt durch die Kolonialpresse gegangen. Vater und Sohn Schmidt wurden in Rabaul gehängt, nachdem die Morde, die sie an den Einheimischen verübt hatten, bekannt geworden waren.

1938 und 1939 gab es 15 Monate lang Patrouillen, angeführt von den Australiern Taylor und Black. Die Patrouillen wurden jeweils von bis zu 20 Polizisten und 200 Trägern begleitet und fungierten in den meisten Fällen als Strafexpeditionen, die Einheimische, die als rebellisch galten, kurzerhand exekutierten.

1943, nach der japanischen Invasion, erstellte die australische Kolonialverwaltung eine Schneise zahlreicher Warnketten quer durch das Hochland, die von australischen Truppen, Pflanzern und Missionaren genutzt wurde. Es wird über zahlreiche Zusammenstöße zwischen indigener Bevölkerung und den Goldgräbern, australischen Truppen und Flüchtlingen berichtet.[82]

All dies geschah vor Mervin Meggitts Aufenthalt bei den Mae Enga. Während Meggitt als scheinbar unbeschriebenes Blatt an seine Forschung ging, konnten die Mae Enga bereits auf einen reichhaltigen interkulturellen Erfahrungsschatz zurückgreifen.

Es ist deshalb nicht auszuschließen, dass die Mae Enga den Ethnologen Meggitt mit den ersten Besatzern identifizierten und die negativen Erfahrungen auf Meggitt projizierten. Vielleicht wollten sie sich Meggitt gegenüber als besonders stark und machtvoll präsentieren, so wie sich die Kolonisatoren der älteren Generation ihnen gegenüber präsentiert hatten.

Denkbar ist auch, dass die drohende koloniale Vereinnahmung nicht nur ihr Aggressionspotenzial gesteigert hatte, sondern es dadurch zwischen den unterlegeneren Ethnien zu einem Anstieg der Kriege gekommen ist.

Die kolonialen Erfahrungen der Mae Enga, die von Gewalt und Rassismus gezeichnet waren, finden in *Blood ist their Argument* keinerlei Niederschlag. Lieber konstruiert Meggitt die kulturökologische These „Krieg um Land" – und schwupp, schon ist das irreversible Bild der blutrünstigen Mae Enga in der Welt.

Wenn die Yequana von Liedloff in der Populärkultur die Rolle des glücklichen Indianervolkes spielen, so haben die Mae Enga zumindest in der akademischen Pseudo-Welt die „Arschlochkarte" gezogen. Aufgrund ihrer vermeintlichen Blutrünstigkeit geistern sie bis heute als böse Wilde durch Datenbanken, die witzigerweise im universitären Bereich publiziert werden, wo eigentlich Reflexion und kritische Quellenbetrachtung Schlüsselqualifikationen sein sollten.

Derartige Datenbanken erleichtern die Theoriebildung oft ungemein, weil man nicht selbst empirisch Daten sammeln muss, sondern einfach die Ergebnisse anderer Studien als Sahnehäubchen für seine eigene Arbeit abschöpfen kann. Diese Bequemlichkeit ähnelt derjenigen vieler Ärzte, die nur einzelne Symptome kurieren, ohne den Patientenkörper für die Diagnose hinzuzuziehen. Hartmut Lang sammelte und codierte für seine Datenbank Conan[83] aus einer Fülle an Ethnografien Textausschnitte zu Gewalt und Krieg.

In seinem Ausschnitt über die Mae Enga bezieht er sich auf Textstellen aus Meggitts *Blood is their Argument* und listet sie daher als Beispiel für eine besonders gewalttätige Ethnie auf.

Conan, das im Rahmen des DFG-Schwerpunktprogrammes *Gewaltförmige Konflikte in Entwicklungsregionen* erstellt wurde, erfrischt das kriegerische Bild der Mae Enga bei jedem Klick aufs Neue.

Ganz nach dem Schneeballsystem zog die Mär von den bösen, wilden Killer-Mae Enga ihre Kreise, weil Studien oder Berichte, die sich mit Konflikten in anderen Weltregionen oder mit Aggression beschäftigen, auf die materialreiche Datenbank zurückgreifen, ohne die historische und politische Konstellation, in der die Mae Enga und Meggitt aufeinandergetroffen sind, mitzureflektieren.

Als Beispiel dafür sei eine Studie über physische Gewalt von Götz Leineweber (1999) genannt. In seiner Analyse „untersucht" Leineweber das aggressive Verhalten der Mae Enga. Als Hauptquelle seiner Fallstudien gelten ihm die Notizen in Conan und die Ethnografie von Meggitt.

Des Weiteren stehen im Zentrum seiner Analysen das Gewaltverhalten der Pokot, Inuit im Thuledistrikt, Bellona und Comanchen.

In seinem theoretischen Ansatz stapft Leineweber in den soziobiologischen Fußstapfen von Eibl-Eibesfeldt und in denen des Primatologen de Waal. Leineweber schreibt, der Mensch sei für ihn in seiner Arbeit „eine von ca. 200 Primatenarten".

Wunderbar! Aber dann auch noch das: Als Beweis für die Aggression, zu der Affen fähig sind, verweist er auf ein durch Überbevölkerung bei Primaten beobachtetes Blutbad im Londoner Zoo 1925. Man weiß, erklärt er, dass „das männliche Geschlechtshormon die aggressive Bereitschaft fördert". Über die Mae Enga schreibt Leineweber, die Ursache ihrer Kriege sei „vornehmlich in Streitereien um Land zu finden"[84]. Eben so wie bei den Primaten aus dem Londoner Zoo.

Das Beispiel der Mae Enga zeigt, dass man niemals so einfach Aussagen über andere Ethnien übernehmen sollte, ohne den Kontext, in dem die Aussagen getroffen wurden, zu kennen. Das ist natürlich schwierig und zeitraubend, denn die meisten Aussagen über andere erfahren wir meistens aus Sekundärquellen. Aus Büchern, Zeitungen oder von Bekannten. Aber in Angelegenheiten, die es uns wert sind, wäre es ratsam, immer zum „Original" vorzudringen, um uns dann erst eine eigene Meinung zu bilden. Mit Original kann allerhand gemeint sein, eine Person, eine andere Kultur, eine Speise, eine Musikrichtung oder was auch immer von merkwürdigen Charakterisierungen umrankt wird.

Robert Knox Dentan findet *sein* Hippievolk (1968)

1962 lebte der amerikanische Anthropologe Robert Dentan sieben Monate bei den Sonoi-Semai in der Region Pahang und dann noch ein ganzes Jahr in Batu

Berangkai in der Nähe der Stadt Kampar in der Region Perak. Er hatte von den Semai gehört, sie seien eines der friedfertigsten Völker der Welt. Davon wollte er sich überzeugen.

Als Folge seiner relativ langen Feldforschung in den Bergen Zentralmalaysias entstand eine erstaunlich schmale Ethnografie. Schlichte 140 Seiten umfasst *The Semai. A Nonviolent People of Malaysia*. 1968 publiziert, traf es jedoch die amerikanische Seele ins Mark. Seit drei Jahren führte die USA bereits Krieg mit Vietnam und Dentans Ethnografie fiel geradewegs in die Geburtsstunde der ersten Antikriegsbewegung. Malaysia war zwar nicht Vietnam, aber es lag auch im Fernen Osten. Gut möglich, dass viele amerikanische Friedensaktivisten die Semai mit den Nordvietnamesen assoziierten.

Der Titel erzählt schon viel und wenn sich das Buch stellenweise nicht so unfreiwillig komisch lesen würde, weil Dentan die Gesellschaft der Semai auf Teufel komm raus als Reklame für den Frieden umschreiben will, hätte es vermutlich als Mahnmal gegen den Vietnamkrieg noch größere Kreise gezogen.

In der Einleitung gibt Dentan zunächst offen zu, dass es zwischen den Semai und ihm anfänglich Schwierigkeiten gegeben hat, dass nicht alles so paradiesisch war. Er erzählt zunächst von den mehrmonatigen Krankenhausaufenthalten, weil er sich trotz hygienischer Vorsichtsmaßnahmen eine Serie erschöpfender Tropeninfektionen zugezogen hatte. Neben Fieberinfekten plagten ihn Hepatitis und Amebiasis. Seine Frau traf es noch schlimmer: Sie erlitt fernab aller Möglichkeiten, nach westlichen Standards medizinisch versorgt zu werden, einen Blinddarmdurchbruch.

Er erzählt auch von den Schwierigkeiten, mit den Semai vertraut zu werden. Er glaubt, dass die peniblen hygienischen Maßnahmen, die seine Frau und er vor Ort trafen, an den prekären Forschungsbedingungen schuld sind. Das Ehepaar Dentan vermied es beispielsweise strikt, gekochte Speisen von den Semai anzurühren. Sie ließen sich eigene Kost per Schiff bringen. Darin sieht Dentan auch den Grund, dass er und seine Frau, wie er schreibt, „Außenseiter" blieben. Denn vom Standpunkt der Semai war das Ehepaar nicht nur von merkwürdig anderer Hautfarbe, sondern auch noch unglaublich reich. Die Semai blieben vielleicht aus gutem Grunde „misstrauisch".

Zu der Spezialkost, dem Hygienemangel und den zahlreichen Hospitalaufenthalten kamen noch die unterschiedlichen sozialen Ansprüche hinzu.

Das Ehepaar suchte jeden Abend nach Ruhe und einem stillen Plätzchen, wo es seine Feldnotizen machen konnte, aber die Semai hatten andere Vorstellungen von Nähe und Distanz. Sie störten.

In allem Weiteren bemühten sich die Dentans, im Rahmen der Methode der teilnehmenden Beobachtung so zu leben wie die Semai. Sie wohnten in einem Semai-Haus, trugen die Kleidung der Semai, nahmen an den wirtschaftlichen und religiösen Zeremonien teil, sammelten Feuerholz, besorgten Wasser, erlernten den Dialekt und bemühten sich, trotz ihres „unathletischen Stadtkörpers" (Ausdruck von Dentan!) genauso lange in Hockstellung zu verharren, wie die Semai es taten.

Trotzdem blieb zwischen den Dentans und den Semai „a thin glass wall". In dieser Einsamkeit sah er aber auch einen Vorteil: Sie zwang ihn, die Sprache der Einheimischen noch besser zu erlernen.[85]

Im Nachwort reflektiert er die anfänglichen Irritationen als „Kulturschock". Nachdem er diesen überwunden hatte, konnte es erst zur selbstreflexiven Anthropologie kommen. Das heißt, er fing angesichts der Lebensweise der Semai an, seine eigenen kulturellen Werte zu hinterfragen. Er versichert dem Leser, die Semai erst dann richtig verstanden zu haben, als er wie sie zu leben begann.[86] Achtzehn Jahre später erinnert er sich sogar in nostalgischem Ton zurück an seinen Feldaufenthalt bei den Semai. Er schreibt, manchmal träume er auch noch in ihrem Dialekt. Er glaubt, die Sehnsucht nach ihnen käme von dem verführerischen und pazifistischen Lebensstil der Semai. Dieser Pazifismus, so Dentan, sei für einen Euro-Amerikaner besonders reizvoll.[87]

In seiner Monografie greift er aber wie schon Vicedom und Meggitt tief in die Trickkiste des Ethnologen, um die Semai so zu präsentieren, dass sie seinen Idealvorstellungen eines pazifistischen Volkes entsprechen.
Man darf also nicht darauf hereinfallen, dass er am Anfang seines Textes erläutert, er wolle die Besonderheiten der Semai-Kultur nicht in euro-amerikanische Konzepte übersetzen, weil das Besondere einer fremden Kultur nur auf dem besonderen Weg dargestellt werden könne. Denn noch im gleichen Satz bedauert er, dass ein Anthropologe zum Generalisieren und Abstrahieren gezwungen sei, denn nur dann ließe sich die fremde Kultur begreifbar machen.
Völlig umsonst fordert er den Leser noch auf, sich stets daran zu erinnern, dass sein Buch zuallererst eines über Individuen sei. Individuen, die versuchen, in einem ihnen vorgegebenen kulturellen Rahmen individuell zu agieren.

Diese Aufforderung unterstreicht er durch einen hölzern wirkenden Vergleich aus dem euro-amerikanischen Kulturraum. Er schreibt: Treestump sei ein Clown, Daylight ein Intellektueller, Uproar ein Chameur, Areganut ein zutiefst Unzufriedener und unser Adoptivvater ein gedankentiefer Mann, ein virtuoser Gesprächspartner und eine kraftvolle Persönlichkeit.[88]
Im Folgetext gelingt es ihm nicht mehr, so etwas wie einen individuellen Semai hervorzuheben. Seine Kulturbeschreibung orientiert sich am Ideal der holistischen Kulturbeschreibung, die, wie wir ja bereits wissen, ein Hauptmerkmal des ethnografischen Realismus ist. Durch die holistische Kulturbeschreibung will sich der Ethnologe als allwissender Magier installieren.

Als Abweichung vom Genre zählt zwar, dass Dentan seine problematischen Bedingungen des Feldaufenthaltes transparent macht und das Kapitel, in dem er seinen Feldaufenthalt reflektiert, sogar die meisten Seitenzahlen aufweist, aber sonst hält er sich ans Genre des ethnografischen Realismus.

Er präsentiert die Semai durch die Ordnung von Kapiteln und suggeriert dem Leser, es mit dem ganzheitlichen und authentischen Porträt einer Kultur zu tun zu haben, aus der Feder eines kompetenten Wissenschaftlers.[89]
Wie wir bereits wissen, kann dieser Beschreibungsstil nur stereotype Menschenbilder hervorbringen. Die Semai werden vom Leser nicht als Individuen erlebt, sondern als Teil einer gleichförmigen Masse.

Nur so kommt auch der Subtext beim Leser an. Er lautet: Alle Semai sind gewaltlose, edle Wilde!

Dentan etabliert dieses pazifistische Bild zwar erst im sechsten Kapitel, in dem es um Kindererziehung geht, erwähnt die Friedlichkeit der Semai aber davor schon an vielen Stellen.

Ähnlich wie Liedloff die Glückseligkeit „ihrer" Yequana der Kindererziehung zuschreibt, entdeckt Dentan ebenfalls die Quelle der Friedlichkeit in der Art, wie die Semai ihre Kinder erziehen.
In seinem Überblick über die Erziehungspraktiken demonstriert er zunächst die Abwesenheit der elterlichen Gewalt im Bösen wie auch im Guten. Semai-Eltern trösten ihre weinenden Kinder nicht, wenn den Kindern nicht etwas wirklich Schlimmes zugestoßen ist. Mit bewundernswerter Gelassenheit überlassen sie also ihre Kinder sich selbst. Bloß wenn ein Kind etwas richtig Schlimmes tut, dann drohen die Eltern zwar Schläge an und schwenken eine imaginäre Machete oder einen Bambusstock in der Luft, schlagen aber ihre Kinder keinesfalls wirklich.
Nichtsdestotrotz, und damit beginnt die unfreiwillige Komik des Textes, erwähnt Dentan eine Liste sublimer Straftechniken, mittels derer die Semai ihre Kinder erziehen, mehr noch, einschüchtern: Kindern wird mit magischen Gestalten wie Dämonen oder Ahngeistern gedroht, mit einem Anschwellen ihrer Genitalien zu enormer Größe und mit schmerzhaften Injektionen. Sobald ein Fremder das Dorf der Semai betrat, drohten die Eltern den Kindern, die feindlichen Pali würden gleich kommen und sie mit Spritzen stechen, falls sie sich nicht ruhig verhielten.
Bei all diesen Methoden der Einschüchterung, so Dentan, würden sich die Eltern köstlich amüsieren, während sich die Kinder schrecklich fürchten.[90]
Dazu fällt mir etwas aus meiner eigenen Kindheit ein. Meine Tante, die neben einem reißenden Bach wohnte,

drohte mir immer mit dem Wassermann, der mich in sein Wasserreich hinabziehen würde, sobald ich mich zu nahe an das Ufer wage. Natürlich war der Wassermann viel effektiver darin, mich von dem Bach fernzuhalten, als die Erklärung, dass ich darin ertrinken könne. Aber meine Tante benutzte noch weitere magische Gestalten, um mich zu einem braven Kind zu machen. Wenn ein Gewitter tobte und es donnerte, redete sie mir ein, Gott schimpfe mich für ein Vergehen. Und wenn ich nachdachte, fiel mir auch immer eines ein. Offenbar wirken magische Gestalten in der Kindererziehung viel besser als alle logischen Erklärungen. Aber sie haben auch Nachteile. Einer Lebenswelt, die mit Geistern und zornigen Göttern bevölkert ist, ist man ohnmächtig ausgeliefert. Man kann sie nicht mit seiner eigenen Fantasie ausgestalten, denn sie ist schon ausgestaltet und dazu da, uns maßzuregeln. Nichts hemmt vermutlich die menschliche Fantasie und Innovationskraft mehr als eine mit bedrohlichen Geistwesen oder gewalttätigen Erwachsenen bevölkerte Umwelt.

Dentan gelingt es jedoch, die schaurigen Praktiken der Semai durch eine bizarre pädagogische Logik als beste Methode darzustellen, wie man aus Kindern friedliche Erwachsene macht. Würden die Eltern die Kinder schlagen, argumentiert er, würden aggressive Impulse geweckt werden. Selbst das Schlagen mit Stöcken sei daher den Kindern nicht gestattet. Erwachsene würden auch niemals real zum Stock greifen, um die Kinder zu maßregeln. Aber durch diese angsterzeugende Erziehung würden die Semai von klein auf lernen, ihre eigenen aggressiven Impulse zu fürchten. Denn sobald sie einen aggressiven Impuls spüren, würde er durch die Furcht vor magischen Mächten ersetzt werden. Diese Furcht halte nicht nur ihr Gewaltpotenzial in Schach, sondern führe auch dazu, dass sie jeder aggressiven Bedrohung aus dem Weg gingen, weil sie augenblicklich mit Furcht assoziiert wird.[91]

Diese These belegt er sogar an der für westliche Menschen merkwürdigen Abstillpraxis der Semai: Einem Kleinkind, das gerade abgestillt wurde und nach der Brust schrie, wurde seinerzeit bei den Semai als Surrogat für die Brust eine Zigarette angeboten.

Würden amerikanische Eltern ihrem Stillbaby eine Zigarette anbieten, hätten sie augenblicklich das Jugendamt am Hals, aber Dentan bringt es fertig, mit dem frühkindlichen Tabakkonsum sogar erfolgreich seine These zu zementieren. Bei den Semai müsse eben auch jede aggressive Lautäußerung rasch unterbunden werden, schreibt er, notfalls auch mit einer Zigarette.[92]

Die Anthropologen Clayton und Carole Robarchek, die von 1973 bis 1974 bei den Semai forschten, bestätigten Dentans Beobachtungen. Auch das Anthropologenehepaar Fixes, das seit 1963 bei den Semai forschte, kam schon zu ähnlichen Schlüssen.[93]

Erste Widersprüche tauchten jedoch auf, als die Semai in der Fachwelt durch eine Passage berühmt wurden, in der Dentan einen einzigen und außerordentlichen Fall von „blood drunkenness" bei den Semai erwähnt. Nachdem kommunistische Terroristen ihren König getötet hatten, fielen die sonst pazifistischen Semai in einer Art „Blutdürstigkeit" über die Terroristen her, schreibt er.[94]

Obwohl Dentan unterstreicht, dass sich diese „Blutdürstigkeit" der Semai nur einmal in dieser außerordentlichen politischen Konstellation gezeigt hatte, war für die Evolutionsbiologen dieser plötzliche Gewaltausbruch der sonst gewaltfreien Semai ein Zeichen dafür, dass aggressives Verhalten nichts mit Erziehung zu tun hat, sondern triebgesteuert und angeboren sei. Die Vertreter der ethologischen und evolutionsbiologischen Kriegsursachenmodelle beriefen sich dabei auf ihren Gründervater Konrad Lorenz und seine These von der „intraspezifischen Selektion" als Ursache der menschlichen Aggressionsbereitschaft.[95]

Der Ansatz von Lorenz, Aggression sei in jedem Menschen genetisch verankert, weil sie ein Überlebensvorteil biete, wurde von modernen Evolutionsbiologen und Primatologen wie de Waal noch weitgehend verfeinert. De Waal begründet aggressives Verhalten mit dem Zusammenspiel von genetischer Disposition und sozialem Lernen.[96]

Evolutionsbiologen betonen gerne die Kausalität von Krieg und Ressourcenknappheit, wie wir es schon von den Kulturökologen kennen. Mit Ressourcen meinen sie meistens Land und Frauen. Außerdem glauben die Evolutionsbiologen, Kriege seien zur natürlichen Selektion aggressiven Verhaltens notwendig. Überspitzt könnte man sagen: Für die Evolutionsbiologen sind Männer also keine denkenden Wesen, die eigenständige Entscheidungen fällen können, sondern wilde Tiere, die völlig nach ihren genetischen Impulsen leben, und Frauen sind willenlose Puppen, dazu da, wie Tropenfrüchte oder Pferde geraubt zu werden.

Napoleon Chagnon, der lange Zeit bei den Yanomami Amazoniens geforscht hatte und heute wegen seiner Thesen und medizinischen Versuche bei den Yanomami als umstritten gilt, vertritt ebenfalls in seinen Schriften die Ansicht, dass die Yanomami-Männer wegen der permanenten Knappheit von Frauen extrem scharf darauf seien, sich durch aggressive Durchschlagskraft einen Fortpflanzungsvorteil zu verschaffen.[97] Chagnons These war daher ebenfalls gefundenes Fressen für die Evolutionsbiologen, doch die Semai interessierten sie noch viel mehr. Denn der plötzliche Gewaltausbruch einer sonst scheinbar absolut friedfertigen Ethnie sprach Bände. Die Passage, in der Dentan ihre *Blutdürstigkeit* erwähnt, begeisterte einige Evolutionsbiologen geradezu.

In seiner Studie *On Human Nature* (1978) stellt E. A. Wilson die Semai in eine Reihe mit anderen als besonders kriegerisch erachteten Gesellschaften. Darunter die Maori, Mundurucu und Yanomami. Wilson ging es darum, die Frage zu klären, ob Menschen von Natur aus aggressiv seien. Der plötzliche Gewaltausbruch der sonst friedlichen Semai war für ihn der Beweis schlechthin, dass selbst der friedliebendste Mensch zur Bestie mutieren konnte.

Auch der Verhaltensforscher Eibl-Eibesfeld bezieht sich in seiner Studie *The Biology of Peace and War* (1979) auf den plötzlichen Gewaltausbruch der Semai. An diesem singulären Ereignis versucht er die Existenz eines aggressiven menschlichen Triebes zu belegen.[98]

Aber nicht nur die Evolutionsbiologen schlachteten den einmaligen Gewaltausbruch der Semai aus. Auch der Psychoanalytiker Robert Paul will in dem Gewaltausbruch der Semai den Beweis dafür sehen, dass ein Instinkt den Menschen dazu treibt, andere schrecklich zu verletzen und sie zu töten. Paul glaubt, dass die Blutdürstigkeit der Semai als Ausbruch einer in allen Menschen tief in der

Psyche verankerten, mörderischen Leidenschaft zu werten sei.[99]

Dentan, der die Semai als pazifistisches Volk etablieren wollte, missfiel, dass seine Botschaft durch das singuläre Gewaltereignis so beschädigt wurde. Er fuhr neue Geschütze auf, deutete den Gewaltausbruch um. In seinem Aufsatz *Blood drunkeness and the Semai (*1987) versucht er, mit Robarchek das Bild der Semai als „blutdürstige Killer" zu tilgen. Er liefert eine neue Erklärung für den Ausdruck „buul bhiib". Genau diesen Ausdruck hat er nämlich in seiner Ethnografie dafür verwendet, um den aggressiven Zustand der Semai zu beschreiben. Er schreibt, er habe den Ausdruck falsch verstanden und wolle nun eine bessere Übersetzung anbieten. „Buul bhiib" bedeute nicht Blutdürstigkeit, stellt er richtig, sondern Verrücktheit, Verwirrtheit oder kurzes Irresein in einem geschwächten Zustand nach massivem Blutverlust. Denn während des Gefechts mit den kommunistischen Terroristen hätten die Semai gravierende Verletzungen erlitten. Den Artikel schloss er freilich mit einem Hinweis auf das Ideal der Gewaltlosigkeit, das bei den Semai herrsche.[100]

Nun wurde es wieder ruhiger um die Semai. Trotzdem zeigt die Auseinandersetzung zwischen Evolutionsbiologen und Semai-Ethnografen das große Potenzial an Widersprüchen und Auslegungswillkür, das die ethnografische Beschreibung der Semai birgt. Überdeutlich sticht die idealisierende Weise der Präsentation der Semai als absolut friedliche und homogene Gesellschaft ins Auge. Das mag die Evolutionsbiologen zur Nadelsuche im Heuhaufen gereizt haben.

Der Ethnologe Clayton Robarchek ging zehn Jahre nach Dentan ins Feld zu den Semai im tropischen Regenwald West-Malaysias. Er beobachtete die Semai, fand Dentans Thesen bestätigt und setzte den Spekulationen außerdem noch eine Krone auf: Die Drohungen verschiedener Art würden bei den Kindern die aggressiven Impulse nicht austreiben, sondern sie ihnen sogar erst richtig bewusst machen. Dadurch würden die Kinder lernen, ihre Impulse zu unterdrücken. Selbst in späteren Jahren unter extremen Belastungen, großem Unglück oder enormem Alkoholeinfluss hätten sie ihre Aggressionen dann im Griff. Denn auch er beobachtete: Ehemänner und Ehefrauen würden nicht zanken, Streit zwischen Nachbarn würde es nicht geben, Kinder würden selten miteinander rangeln und der geringste Anstrum einer Aggression würde augenblicklich Gelächter und Scherz weichen.[101]

Heute fragt man sich verwundert, weshalb Dentan und Robarchek unbedingt die Semai als friedfertig hinstellen wollten. Warum sie eine Kindererziehung hochlobten, die nur deshalb effizient war, weil sie Ängste schürte.
Wenn sich Dentan oder Robarchek die Ängste und die politische Situation der Semai genauer angesehen hätten, dann hätten sie vielleicht trefflichere Aussagen über die Semai machen können. Die Angst vor Dämonen, vor den Spritzen der feindlichen Pale, vor der Missgestaltung des Geschlechts und davor, dass der Bambusstock doch einmal auf einen niederprasseln könnte, sind sie nicht irgendwie auch aufschlussreich?
Doch statt sich mit den Ängsten und Drohungen zu befassen, widmete man sich vorerst weiterhin dem Geheimnis ihres friedlichen Verhaltens. Studien zu friedli-

chen Gesellschaften haben in den 1980ern Hochkonjunktur. In dem Sammelband *Societies on Peace* (1989) loben die Autoren die friedliche Sozialisation der Semai als beispielhaftes Friedenskonzept, von dem die euroamerikanische Welt lernen könne.[102]
Der US-Psychologe und Ethnologe Ashley Montagu, der durch sein Hauptwerk *Körperkontakt* 1971 bekannt wurde, behauptet in der Einleitung seines vielgelesenen Sammelbandes *Learning non-aggression* (1978), dass kooperatives Erziehungsverhalten und die Unterdrückung aggressiven Verhaltens unbedingt zu einer nichtaggressiven und kooperativen Gesellschaft gehöre. In seinem Sammelband lässt er auch Dentan mit seiner Hypothese über die gewaltfreie Gesellschaft der Semai zu Wort kommen. Für Montagu sind die Semai das Vorzeigevolk schlechthin, die perfekte Reklame für den Frieden.
Auch in dem Sammelband *The Anthropology of Peace and Nonviolence* von Sponsel und Gregor (1994) wird die friedenstiftende Auswirkung der Furcht vor Geistern und Zauberwesen bei den Semai gelobt.
In *Keeping the Peace. Conflict Resolution and Peaceful Societies Around the World* von Graham Kemp und Douglas P. Fry aus dem Jahre 2004 stellt Dentan die Semai als friedfertige Ethnie in Kontrast zur Gewalt hin, die er zwischen amerikanischen Mittelklassekindern in seiner Nachbarschaft beobachtet hat. Auch in dieser Studie machen die Semai Reklame für den Frieden.

Schlussendlich haben sich in der Sekundärliteratur zwei widersprüchliche Positionen über die Semai herausgebildet. Die Evolutionsbiologen, welche die Semai als Beispiel für die genetische Disposition aggressiven Verhaltens heranziehen, und die Vertreter der Frustrations-

Aggressions-Theorie, die an den Semai ihre Hypothesen über den Frieden illustrieren. Wer ist näher an den authentischen Semai dran? Die Wahrheit klingt traurig. Die Semai, von denen im Westen gesprochen wird, gibt es gar nicht. In beiden Disziplinen fungieren die Semai nur als Projektionsfläche abendländisch-wissenschaftlicher Theorien. Sie sind wie die Mbowamb oder Mae Enga nichts weiter als anthropomorphe Phantome westlicher Wissenschaftler. Kopfgeburten alter Tradition. Nämlich die Kopfgeburt des bösen oder edlen Wilden. Verraten uns vielleicht ihre Ängste, wer die Semai wirklich sind?

Man könnte die fiktive Sphäre, mit der die Erwachsenen den Kindern drohen, weil sie „von Myriaden übel wollender Geister bevölkert" ist, nämlich auch als metaphorische Transposition der realen, feindlichen Umwelt begreifen.[103]

Die Semai reagieren mit ihrer Lebensweise mehr auf historische Prozesse und aktuelle politische Ereignisse, als dass sie irgendein Friedenskonzept leben würden. Während sich Dentan und Robarchek bei ihnen aufgehalten hatten, hatten sie schon eine Reihe von Gefechten mit dem militärisch stärkeren Sultanat hinter sich. Umgeben von dominanteren Bevölkerungsgruppen lebten sie zurückgezogen und in permanenter Furcht vor erneuten Attacken in ihrem Rückzugsgebiet im Regenwald, allerdings in wirtschaftlicher Abhängigkeit von dem Sultanant und den Nachbarethnien.[104]

Und wie erklärt das ihre plötzliche „Blutdürstigkeit" gegen die kommunistischen Terroristen? Haben die Soziobiologen recht und es war ein Ausbruch der Gene? Oder die allgemeinmenschliche Verhaltensweise, seine Chance zu nutzen, es seinen Widersachern endlich mal zu zeigen?

Es ist eine uralte, universelle Tatsache: Gelingt es Menschen nicht, ihre politisch oder militärisch stärkeren Widersacher zur Rechenschaft zu ziehen, werden sie es tun, sobald sich eine Gelegenheit dafür bietet. Menschen leben nun mal lieber selbstbestimmt als unter Fremdbestimmung und politischem Druck.

Da wäre noch eine komische Sache.

Angenommen, die Beobachtung stimmt, die Semai hätten in Gegenwart der Forscher sogleich jegliche aggressive Äußerung, jeden Zank, jedes Säuglingsgeschrei, jede Rangelei und jedes Stöckegefecht der Kinder sofort im Keim erstickt, dann wirkt dieses Verhalten auf den ersten Blick wirklich sehr rätselhaft. Aber machen wir uns doch nichts vor, wenn die Kinder auf die Drohgebärde mit Bambusstöcken „artig" werden, dann nur, weil sie wissen, wie sich Bambusstöcke anfühlen. Könnte es daher nicht einfach nur sein, dass die Semai „bloß" vor den fremden Männern und Frauen „einen guten Eindruck machen wollten"? Dentan gibt doch zu, dass zwischen den Semai und ihm bis zum Schluss eine gläserne Wand geherrscht habe.

Wo Distanz vorhanden ist, lässt sich der Leerraum mit allem Ungesagten auffüllen, mit Missverständnissen und Spekulationen über den Anderen.

Genauso wie Dentan und Robarchek das Verhalten der Semai größtenteils fehl interpretierten, könnten auch die Semai falsche Schlüsse aus dem Dasein der Forscher gezogen haben. Nicht nur aufgrund deren sichtbaren Reichtums, sich per Schiff eigene Kost anliefern zu lassen, sondern auch aufgrund der eigenen politisch defensiven Lage. Durchaus denkbar, dass die Semai die amerikani-

schen Besucher als Gesandte des Staates und als „Aushorcher" betrachtet haben oder als „Helfer" im politischen Kampf. Jedenfalls als sehr mächtige Figuren im regionalen Spiel um die ethnische Vormachtstellung. Wenn man das bedenkt, ist es nicht mehr so verwunderlich, dass die Semai sich bei den Forschern einfach nur im günstigen Lichte präsentieren wollten, und wenn sich dann doch die gewöhnliche Menschlichkeit Bahn brach, Kinder zu laut wurden oder Erwachsene zu zanken anfingen, wurde dies aus guten Gründen sofort geahndet.
Aber auch darüber kann man nur spekulieren oder die Semai besuchen und unter den Älteren nachfragen, wie das denn damals gewesen ist, als die ersten Amerikaner unter ihnen weilten.

Der kulturell Fremde als Mängelwesen – unter Sozialpädagogen

Migration ist ein uraltes Phänomen, welches das Leben der Alteingesessenen schon immer verängstigt, aber auch bereichert hat. Während meines Studiums der Vorderasiatischen Archäologie war ich erstaunt, als ich davon hörte, wie rege bereits 3000 vor Christus der Austausch zwischen den altorientalischen Völkern war.
Immer wieder fielen neue Volksgruppen, die aufgrund von Krieg oder Pestepidemien aus ihrer Heimat fliehen mussten, in das Zweistromland (Mesopotamien) ein und veränderten durch ihre Präsenz auch die Kultur der alteingesessenen Assyrer und Babylonier. Neben ihren Waf-

fen, Reittieren und den Kleidungsstücken, die ihnen auf der Flucht geblieben waren, gab es noch vielerlei andere Mitbringsel: Viren, Flöhe, Läuse, Pest, neue Märchen, Mythen, Musikinstrumente, Gesänge, wunderschöne junge Bräute, neue Alphabete, Sprachen, Speisen, Teppichknüpftechniken, Frisuren, Hefeteigspezialitäten, Geister und Götter.

Migration ist – simpel ausgedrückt – eine uralte Weise, die Dinge durcheinander zu mixen und Gesellschaften lebendig zu halten. Nichts bleibt, wie es ist, und was ist, wird sich ändern und was anders wurde, wird niemals wieder das Alte werden. Daher ist es eigentlich vollkommen geschichtsblind, wenn man den Zustrom vieler fremder Menschen mit der „Morgenröte der Barbarei" gleichsetzt.

Viele glauben aber, Wanderschaft und Migration sei eine Art Laster, Ausdruck eines gar pathologischen Weltzustandes, und Migranten litten daher alle aufgrund ihrer transnationalen Erfahrungen automatisch an irgendwelchen schrecklichen Krankheiten und Traumata. Zu alledem Unglück geselle sich dann auch noch ein Bündel Defizite hinzu: Sprachdefizite, Bildungsdefizite, Gesundheitsdefizite, defizitäre Kenntnisse über Politik, Medizin, Ämter und Kindererziehung. Kurz, der Migrant wird pauschal als Mängelwesen abgewertet.

Dabei wird eben vergessen, dass Migranten uns neben ihrer Funktion als leibhaftige Kulturträger noch viel mehr voraushaben: Sie sprechen mehrere Sprachen, partizipieren an mindestens zwei Kulturen, kennen neben der Biomedizin und den westlichen Wissenschaften auch noch andere Heilsysteme, andere Praktiken der Kindererziehung, Textilverarbeitung, Musikstile, Religionen usf. Sie teilen mit einem Gros der Weltbevölkerung transna-

tionale Erfahrungen und können auf einen reichen Erfahrungsschatz zurückgreifen, den sie durch ihr Weitgereistsein und ihre Teilnahme an zwei Kultursystemen erworben haben.
An kultureller Kompetenz sind sie uns daher weit voraus, auch wenn es oftmals den Anschein hat, sie würden in „uralten" Traditionen verharren.

In den zahlreichen Teams, an denen ich als Ethnologin unter Sozialpädagogen und Lehrern teilgenommen habe, tauchte in den Erzählungen der Pädagogen der Migrant als der uns bekannte kulturell Fremde aber stets als defizitäres, hilfsbedürftiges und vor allem bildungsfernes Wesen auf.
Typische Aussagen auf Teams waren:
„Jetzt habe ich eine neue Stelle. Dort muss ich den Migranten beibringen, was gesunde Ernährung ist!"
Oder: „Die (gemeint war eine alleinerziehende Afghanin, die mit fünf Kindern in einer Zweizimmerwohnung gelebt hat!) kriegt es einfach nicht auf die Reihe mit ihren Kindern. Jetzt schwafelt sie auch noch davon, dass alles besser werden würde, wenn sie in einem Haus leben könnte. Was bildet die sich eigentlich ein?"
Oder: „Er ist immer gleich so aggro. Vom Temperament und vom Charakter her merkt man bei ihm total (achtzehnjähriger geflohener Kongolese!), dass er mal Kindersoldat war. Der muss hier bei uns erst mal friedlich gestimmt werden."
Einmal hörte ich einen jungen Sozialpädagogen zu einer jungen türkischstämmigen Jugendlichen sagen, die das erste Mal in ihrem Leben Schleier trug: „Ist heute Fasching?"

Junge verschleierte türkischstämmige Mädchen waren den Fachkräften meist der größte Dorn im Auge. Aufgrund ihres Schleiers hielt man sie nicht für „richtig" integriert, sondern warf ihnen vor, weiterhin mit ihren Eltern in einer Parallelgesellschaft zu leben. Eine merkwürdige Zuschreibung! Einige dieser Mädchen haben als Kleinkinder Winnie Puuh geliebt und hören noch immer gerne heimlich Bibi Blocksberg. Sie haben früher gerne Pippi Langstrumpf gelesen und lieben heute die Songs von Peter Fox und Pitbull. Einige von ihnen essen lieber Hopfisterbrot und schwäbischen Apfelkuchen als Döner. Die Schnittstelle, die sie mit der klassischen deutschen Jugend teilen, ist riesengroß. Darüber hinaus lieben sie natürlich auch noch türkische Musik und Speisen. Sie sind Frauen in Minirock genauso gewöhnt wie Frauen mit Schleier oder homosexuelle Liebespaare. Sie wissen: Deutschland ist vielschichtig und komplex. Alles kein Problem für sie! Was sie aber stört, ist, dass man sie permanent mit Ratschlägen überschüttet, wie sie sich besser emanzipieren könnten. Das erste wäre: Schleier weg! Das zweite immer: aufhören, mit der besten Freundin türkisch zu sprechen. Lästig sind auch Kommentare wie: Nur wer den Unterschied zwischen Weihnachtsmann und Nikolaus kenne, dürfe sich wirklich als Deutscher bezeichnen. Wissen das denn alle „richtig" deutschen Kinder?

Tatsächlich erkennen viele verschleierte Deutschtürkinnen die Botschaft, die sich hinter diesen noch so wohlmeinenden Ratschlägen und Sprüchen verbirgt: So wie du bist, bist du für uns noch ein Mängelwesen. Noch nicht richtig integriert, sondern in einer Parallelgesellschaft beheimatet.

Parallelgesellschaft! Welch ein Unwort! In Deutschland gibt es eine Vielzahl von Subkulturen oder besser: Szenen (Punk, Techno, Skateboarder, Chirurgenszene), aber sobald eine Subkultur von Angehörigen anderer Kulturen gebildet wird, spricht man gleich von Parallelgesellschaft. Besonders makaber: Eine Sozialarbeiterin, die in einer Asylunterkunft für alle neu hinzugekommenen Flüchtlinge tätig war, drückte ihren Kollegen und ehrenamtlichen Helfern Listen und Dokumentenblätter in die Hand, um sorgfältig zu dokumentieren, wer von den Flüchtlingen was und wie viel aus den Sachspenden bekommen hat. Das Lager war voll, Fußballschuhe und Winterjacken quollen aus den Regalen, aber die Sozialpädagogin sperrte nach der Ausgabe mit der Miene eines römischen Potentaten das Lager wieder ab. Warum? Weil sie (die Flüchtlinge) sonst „wie die Raben alles gleich stehlen würden", erklärte sie auf Nachfrage. Hobbes lässt grüßen!

Derartige Betrachtungsweise und Handlungen legitimieren in erster Linie natürlich den Job, den man zu erledigen hat – scheinbar noch immer kulturell fremde Migranten im Auftrag des Staates ordentlich in die deutsche Gesellschaft zu integrieren.
Aber die Erfahrung zeigt, dass es viel ratsamer wäre, Integration nicht daran zu messen, wie „deutsch" der Migrant geworden ist, sondern daran, ob er seine kulturellen Überzeugungen im Alltag offen ausleben kann. Je mehr wir an den kulturell fremden Menschen „hinbenzen", umso mehr wird er sich uns verschließen, weil er genau merkt, dass er so, wie er ist, nicht geachtet wird.
Wohlmeinend und durchaus freundlich hilft man den kulturell fremden „Gästen", organisiert Spendenkreise,

behandelt sie psychologisch, beschwert sich aber gleichzeitig, den traumatisierten Flüchtlingen wäre besser geholfen, wenn sie erst einmal ihren magischen Geisterglauben ablegen würden, damit die Freud'schen Konzepte wirken können. Nicht bewusst ist vielen, dass bei psychischen Erkrankungen das richtig ist, was heilt.

Weltweit gibt es Hunderte von Heilsystemen und die westliche Psychologie ist nur eines davon! Längst sind mehrere Fälle bekannt geworden, in denen es besser gewesen wäre, wenn die westliche Psychologie und Medizin den magischen Geisterglauben ihrer Klienten integriert statt verteufelt hätte.

Nach dem Vietnamkrieg gewährte die USA den Hmong aus Laos großzügig Asyl in Amerika. Die Hmong hatten nämlich die USA im Kampf gegen kommunistische Milizen unterstützt. Als die Kommunisten in Laos an die Macht kamen, waren viele Hmong gezwungen, ihr traditionelles Siedlungsgebiet im gebirgigen Hochland Laos zu verlassen. Damit sich die Hmong in Amerika besser assimilieren, verteilte die US-Behörde sie in kleinen Gruppen über alle Bundesstaaten. Nach wenigen Monaten starben viele männliche Hmong an einer mysteriösen Krankheit, die unter SUNDS (Sudden Unexpected Nocturnal Death Syndrome) bekannt wurde.

Die meisten Verstorbenen hatten sich völlig gesund zu Bett gelegt und wachten plötzlich mitten in der Nacht auf, äußerten ein angstvolles Stöhnen und zogen schweißnass unter größter Mühe Luft ein. Sie starben nach wenigen Minuten. Die Ärzte standen vor einem Rätsel. Woran waren die Hmong qualvoll erstickt? Das Center for Disease Control in Atlanta führte umfangreiche Untersuchungen durch. Aber weder die Autopsien, bei

denen man den Leichen Gewebeproben entnahm und diese untersuchte, noch die umfassenden Befragungen der Angehörigen mittels standardisierter Fragebögen brachten Licht in die Rätselhaftigkeit dieser Todesfälle. Die Toten waren organisch völlig gesund schlafen gegangen, hatten Stun-den vor ihrem Tod weder irgendwelche Stresserlebnisse gehabt noch fanden sich irgendwelche Partikel oder Spuren von Gift oder Drogen in ihren Körpern. Die Ärzte diskutierten als Ursache der Krankheit metabolische Faktoren, genetische Dispositionen, strukturelle Anomalien des Herzerregungs- und Herzleitungssystems und das Schlafapnoesyndrom. Aber nichts dergleichen traf auf die Verstorbenen zu.
Es gab allerdings Hmong, die eine derartige nächtliche Attacke überlebt hatten. Sie schilderten, von einem Geräusch aufgeweckt worden zu sein. Zu ihrem Entsetzen haben sie Stimmen gehört und ihr Körper sei gelähmt gewesen. Etwas (ein Alien, ein Geist oder ein Tier) war in ihrem Schlafzimmer und habe sich dann auf ihre Brust gesetzt und ihnen die Luft abgedrückt. Einige der befragten Hmong gaben sogar an, es müsse sich bei diesem Wesen um einen hungrigen Geist namens *dab tsog* handeln. Dieser Geist gehört zu den wilden Geistern und lebt in ihrer Heimat am Grunde von Tälern in dunklen, tiefen Höhlen. Dort giert er nach der Lebenskraft, die in der Erde als Atem zirkuliert und von den Reispflanzen aufgenommen wird. Der Mensch nimmt diese Kraft durch den Verzehr von Reis zu sich, der *dab tsog* muss sich diese Kraft aber rauben, indem er andere Lebewesen angreift und diese in Unfälle oder Krankheiten verwickelt und tötet. Ungehindert schnüffelt der *dab tsog* die Lebenskraft dann aus seinem Opfer. Schützen kann man sich vor dem *dab tsog* nur durch andere Geister. Wer seinen

Ahngeistern regelmäßig durch einen rituellen Spezialisten Opfergaben darbringt, wird durch sie vor Angriffen des wilden Geistes geschützt. Der wilde Geist wird nur dem gefährlich, der seinen Ahnen nichts mehr opfert. Die zurückgesetzten Ahngeister laden dann sogar *dab tsog* ein, Menschen zu töten. Rituelle Spezialisten waren meist ältere Verwandtschaftsmitglieder, die in Laos im selben Dorf lebten. Durch die Assimilierungspolitik der US-Behörde lebten die Hmong nun zersplittert in Kleinfamilien in Appartementhäusern zusammen. Weit entfernt vom rituellen Spezialisten und weit entfernt von der Möglichkeit, in ihren Appartementhäusern selbst Tierschlachtung korrekt durchzuführen. Tierschutzgesetze verhinderten private Lebendschlachtungen. Also konnten sie ihren Ahngeistern nicht mehr richtig opfern und deshalb konnte *dab tsog* sie nachts ungehindert aufsuchen.[105]
Damit konnten die amerikanischen Mediziner natürlich nichts anfangen. Statt im Geistersystem auch die Lösung zu suchen, dachten sie, die Hmong müssten mit ihrem Geisterglauben aufhören, damit es zu keinen tödlichen Vorfällen mehr käme. Eine derartige Annahme verrät große Unkenntnis über die Macht religiöser Tradierung. Wer im Christentum beheimatet ist, weiß, dass die frühen israelischen Gottesgläubigen des Alten Testaments im Exil ihren Gott in noch weit größerem Ausmaß verehrten. Die Erfahrung der Fremde verlangt nach Sinnstiftung und einem Gefühl von Identität, die man mit anderen teilt. Nichts bietet dies mehr als der Glaube an gemeinsame Götter und Geister! Daher wird der Glaube an Geister, wie jede andere religiöse Vorstellung auch, durch ausgeklügelte Methoden zwischen den Generationen weiter tradiert, insbesondere im Exil! Verfolgung und

Verbot erfrischen religiöse Systeme mehr, als dass sie diese zum Schweigen bringen.

Genauso wenig wie die mittelalterlichen Alchimisten aus Kupfer und Zinn kein Gold herstellen konnten, weil jedes Element nur aus seinen eigenen Bestandteilen bestehen kann, ließ sich daher in der amerikanischen Biomedizin auch nicht das Heilmittel gegen SUNDS finden. Weder amerikanische Psychologen noch High-Tech-Herzlungenmaschinen hätten alleine Abhilfe verschaffen können. Die Lockerung der Schlachtvorschriften für die Hmong wäre viel „heilsamer" gewesen. Das konkrete Heilmittel gegen SUNDS musste allerdings in der Kultur der Hmong gesucht werden. In einem schamanischen Ritual, das die Hmong in Laos schon seit Jahrhunderten von Schamanen gegen den wilden Geist durchführen lassen.

Mittlerweile hat sich das Problem aber gelöst. Die Hmong in den USA sind längst wieder zu Großgruppen zusammengezogen, was die rituellen Verpflichtungen gegenüber den Ahngeistern immens erleichtert, auch wenn viele Hmong offiziell längst zum Christentum übergetreten sind. Die meisten Verwandtschaftsbande leben gemeinsam mit ihren Ritualmeistern und Schamanen in Kalifornien und Minnesota.[106]

Trotz zahlreicher derartiger Erfahrungen, die in der wissenschaftlichen Literatur nachzulesen sind, tauchen Migranten im Projektbericht *Interkulturelle Kompetenz in der Sozialen Arbeit*, der 2005 an der Fachhochschule Esslingen für und mit Studierenden erarbeitet wurde, noch immer als interkulturelle „Analphabeten" auf.

Der Bericht kreidet Migranten in Deutschland neben mangelhaftem Deutsch auch an, dass es ihnen nicht gelingen würde, interkulturelle Kontakte aufzubauen, und sie daher in der Erziehung ihrer Kinder die Hilfe der deutschen Sozialarbeiter dringend benötigen.[107] Vielleicht ist das bei einigen der Fall, aber wenn schon, dann lieber auf Augenhöhe, nicht, wenn sie vorab als Mängelwesen erklärt werden. Daher heißt es: Hände weg von derartigen Leitfäden. Ihnen haftet noch das geistige Rüstzeug der Kolonialzeit an. Die postmodernen und postkolonialen Diskurse scheinen an diesen Leitfäden spurlos vorübergegangen zu sein.

Man erkennt diese stereotypen Kulturbeschreibungen neben der Verteufelung oder Idealisierung immer daran, dass die Angehörigen fremder Kulturen nicht selbst zu Wort kommen und dass man ihre Kultur als homogenes Gebilde darstellt, in dem keine kontroversen Diskussionen existieren. Auch sind die meisten Angehörigen fremder Kulturen alle irgendwie bildungsfern und unmündig, zumindest in Bezug auf das eigene kulturelle System. In den postkolonialen Diskursen werden koloniale Herrschaftsverhältnisse der Vergangenheit und Gegenwart enthüllt. Meist, so fanden postkoloniale Forscher heraus, gründen Machtverhältnisse auf von Eliten geschaffenen Mythen. Die englischen Kolonialbeamten beispielsweise, die im 19. Jahrhundert die indischen Ethnien und Kasten in ihren Handbüchern katalogisierten, klassifizierten die einen als gelehrt und die anderen als kriegerisch und kriminell. Zwar lieferten die frühen Sanskrittexte auch schon Aussagen über die unterschiedlichen Kastenangehörigen, aber das koloniale Handbuch verschärfte die Gegensätze zwischen den einzelnen Kastenmitgliedern noch und hatte weitreichende Folgen für die sogenannten Unberührbaren.

Ein Mythos ist auch der von der modernen euroamerikanischen Welt, in der Europa und Amerika tonangebend sind. Tatsächlich gibt es viele Spielarten und Alternativen von Modernen und unter allen Optionen sind Europa und Amerika nur eine mögliche Spielart. Kulturzentrismus, der das eigene kulturelle System als Herz der Welt betrachtet, ist eher eine vorgestrige Weltanschauung. Als Herz der Welt ist Europa eher ein Staubsauger, der aus allen möglichen Weltwinkeln die Bodenschätze aus der Erde saugt und dadurch Bürgerkriege und Umweltzerstörungen mitverursacht.

Dafür steht die Geschichte Cliffs[108], eines jungem Mannes, der aus dem Niger geflohen ist. Er lebt in einem Camp in den Küstenwäldern Marokkos und schmuggelt von dort aus andere Afrikaner übers Mittelmeer nach Spanien. Auf den ersten Blick hält man ihn für eine randständige Person, tatsächlich aber spiegelt seine Biografie gelebte europäische Wirtschaftspolitik wider. Sein Leben ist mit dem Leben vieler Europäer auf schicksalhafte Weise verflochten.

In einem Straßencafé in Nador hat er mir seine Geschichte erzählt.

Seine Kindheit verbrachte er an einem Ort, den kein europäischer Tourist freiwillig besuchen würde. Am südlichen Rand der Sahara, dort, wo früher die Wanderungen der Nomaden endeten und sie ihre Kamele mit frischem Oasenwasser versorgen konnten.

Sein Vater war ein Kamelhirte und Karawanenführer. Daher ritt Cliff, der mir seinen echten Namen leider nicht verraten hat, schon mit acht Jahren selbst ein Kamel. Am liebsten lenkte er es in die Wüste. Ohne Angst, denn die Wüste bedeutete nicht nur Dürre und Tod, sondern auch

Freiheit und Leben. Mit zehn Jahren durfte er die Karawanserei seines Vaters begleiten. Er wäre wie sein Vater und wie sein Großvater Karawanenführer geworden, wenn nicht eines Tages Walzen angerückt wären. Die Walzen zogen mitten durch das Weideland seines Vaters eine Asphaltstraße. Es hieß, für die Franzosen. Irgendwo in irgendeinem Planungsbüro saßen nämlich *fortschrittlich* denkende Nigerier, die mit einer französischen Unternehmerdelegation Geschäfte machten. Die Franzosen brauchten eine Straße. Aber wofür? Sein Vater konnte ja nicht ahnen, dass es in der Wüste seiner Kindheit nicht nur seit Urzeiten Kamele und Datteln gegeben hatte, sondern auch Uran. Eine Zaubersubstanz, jene, die Franzosen zum Anheizen ihrer Atomkraftwerke benötigten. In den nordischen Städten tobte der Wettbewerb der billigen Beleuchtung. Aber für seinen Vater ging praktisch das Licht aus – denn das Uran auf seinem Boden ruinierte ihn.

Die Männer seines Dorfes trieben die Kamele beladen mit Dung durch die Wüste zu den Oasen, um den Dung dort gegen Datteln und Hirse zu tauschen. Aber etwas hatte sich schlagartig geändert. Die Kamele gaben nicht so viel PS her wie die Lastwagen, die neuerdings die asphaltierte Straße entlangbretterten. Der jahrtausendealte Tauschhandel per Kamel konnte nun per Lastwagen schneller abgewickelt werden. Also schaffte sich auch sein Vater einen Lastwagen an. Es konnten bessere Zeiten anbrechen.

Die Kamele produzierten den Dung für den Tauschhandel, spendeten Milch, Fleisch und Leder. Bis dahin hatte seine Familie hervorragend von dem Tausch mit den Oasendörfern gelebt und den Hunger nicht gekannt, jetzt trieb er ihnen die Bäuche auf. Denn ihr Zahlungsmittel

für Hirse und Datteln war der Dung gewesen. Aber kaum waren die Uranminen in Betrieb, wehten permanent radioaktive Partikel über das Weideland und verseuchten es. Kilometerweit flog der radioaktive Staub durch die Landschaft, verfing sich in Gewändern, wehte in Speisen, entzündete Augen. Auf dem Weideland seines Vaters wuchs bald nichts mehr und die Kamelstuten gingen ein. Alles, was Cliff von seinem Vater gelernt hatte, wurde mit einem Schlag nichtig. Der Vater konnte seine Söhne nicht mehr ernähren. Deshalb ging Cliff mit seinen Brüdern in die Hauptstadt Niamey. Mit 13 Jahren schlug er sich dort als Bettler durch. Da die früheren Karawanenzüge mit seinem Vater sein räumliches Vorstellungsvermögen geschärft hatten, wie er betonte, kannte er bald alle Straßenzüge von Niamey und lernte dort die Kraft des Geldes kennen. Mit Geld konnte man sich alles kaufen. Alles. Im Gegensatz zum Dung, dem Zahlmittel seiner Kindheit, blieb die Quelle des Geldes aber rätselhaft. Er grübelte doch tatsächlich in seinem Kartonverschlag in Niamey über die Herkunft des Geldes nach. Bankschlitze spuckten es aus. Aber wie kam es in die Schlitze hinein? Und warum hatten die Franzosen so viel davon?
Um das Rätsel zu lösen, woher die Touristen so viel Geld hatten, fing er an, sie für ein paar Naira durch Niamey zu führen. Dabei lernte er eine reiche Französin kennen. Sie war die Frau eines Technikers, der in den Minen arbeitete. Sie selbst blieb aber lieber alle Tage am Hotelpool, wo sie sich, wie Cliff schnell feststellte, schrecklich langweilte.
Sie wollte eine Affäre mit ihm und er ließ sich darauf ein. Er kam zwar nicht darauf, wo sie ihr Geld hernahm, das sie ihm für seine Liebesdienste gab, aber es machte ihm Spaß, für etwas, das er auch wollte, Geld zu verdienen.

Eines Tages erwischte ihr Mann sie dabei und schrie, er schufte wie ein Vieh in den Minen, riskiere seine Gesundheit und sie verjuble das Geld. Sie antwortete kühl, sie habe nie verlangt, dass er in den Minen schuften solle. Da schrie er, die Minen seien die Quelle des Geldes, mit dem sie diesen „Nigger" da bezahle. Er zeigte auf Cliff und dieser verstand plötzlich, woher die Franzosen so viel Geld hatten. Die Quelle ihres Geldes war das Uran auf den Feldern seiner Vorväter.

Nach der Episode mit der Französin wurde er Schmuggler. Das war das Beste, was er machen konnte. Denn er kannte die alten Karawanenwege, die auf keinen Landkarten verzeichnet sind. Er schmuggelte Flüchtlinge aus den von Bürgerkriegen verwüsteten westafrikanischen Ländern durch die Sahara über Mauretanien bis nach Algerien oder Marokko.

Manchmal kreuzten seine Routen die Pisten der Wüstentouristen, die mit ihren Jeeps durch die Sahara fahren. Aber während die Pisten immer dieselben bleiben, passen sich die Karawanenrouten schnell neuen Gegebenheiten an. Hitzeperioden, Militär, Wanderdünen, Regenfälle, politische Entscheidungen, all das kann die alten Routen in Todesfallen verwandeln.

Auch heute schmuggelt er noch.

Sobald Cliff eine Gruppe durch die Sahara geführt hat, bringt er sie in ein Camp im marokkanischen Buschwald. Küstennah. Zwanzig Kilometer Luftlinie von Melilla. In den Camps trifft er dann auf marokkanische Führer. Sie bringen die Flüchtlinge mit Booten nach Spanien. Ein ausgeklügeltes System. Manchmal dauert das aber wochenlang, die Gruppen stauen sich in den Camps. Weil schlechtes Wetter auf dem Meer herrscht. Oder weil zu viel Militär an der Küste patrouilliert. Hunderte von Flüchtlingen sind die letzten Jahre durch Cliffs Finger geflossen. Seit fünf Jahren ist er der Boss eines Camps an der Küste. Jedes Camp ist ein prekäres Refugium. Als Schutz vor Regen, Wind und Sonne befestigen sie Plastikplanen an dünnen Bäumen. Auf dem Boden liegen Kartons, auf denen die Menschen schlafen. Aber jederzeit können Milizen, die ständig die Küstenwälder durchkämmen, ihr Camp vernichten. Sobald sich unbekannte Personen dem Camp nähern, rufen die Wächter, die wie Käuzchen auf den Bäumen ums Lager sitzen. Das Signal, das Camp zu räumen. Aber das geht oftmals schief, weil sie beispielsweise schon längst eingekreist sind.

Er muss möglichst viele Menschen durch das salzige Nadelöhr nach Europa lotsen. Verschwiegenheit, die richtigen Kontakte und das Abpassen der besten Wetterlage auf dem Meer sind die drei wichtigsten Parameter des Erfolgs. Natürlich scheitern viele Überfahrten. Meistens am Wetter oder am Militär. Aber wer in Europa ankommt, hat wirklich viel erlebt, hat wie unser griechischer Held Odysseus eine Irrfahrt hinter sich, die ihm bestimmt viele Male das Leben gekostet hat. Die ihn aber auch an unschätzbaren Erfahrungen reicher gemacht hat. Defizitär ist er keinesfalls, zum defizitären Menschen wird er gemacht.

Defizitär ist eher jener, der den Zeitgeist nicht mal am Rockzipfel zu fassen bekommt und noch nicht verstanden hat: Kulturen waren schon immer dynamisch, aber noch nie so dynamisch wie heute. In Sekundenschnelle jagen

Musikclips, Modeartikel und Nachrichten über den Globus. Was gerade in New York angesagt ist, finden wir zeitgleich auch in Kinshasa oder in der mongolischen Steppe. Durch das Internet, durch die immer schnelleren Transportmittel und durch die große Anzahl an Menschen, die permanent zwischen Ländern und Kontinenten hin und her reisen, hat die Annahme ausgedient, in Peru würden nur Peruaner leben, in Südafrika nur Südafrikaner und in Deutschland nur Deutsche.

Auch die „weinerliche" Annahme vieler traditionell eingestellter Menschen, Kulturen seien in sich abgeschlossene Isolate, die von der Überfremdung zerstört werden würden, ist längst überholt. Man kann es nicht oft genug sagen: Weltweit ist alles miteinander verflochten: Menschen, Güter, religiöse Systeme, technische Innovationen, Börsenkurse und auch Bürgerkriege und Flüchtlingsbewegungen.

Schlusswort

Die Beispiele aus dem Buch haben gezeigt: Interkulturelle Kontakte glücken erst dann, wenn wir aufhören, die fremde Kultur von der eigenen kulturellen Warte heraus zu beurteilen. Wenn wir uns bewusst sind, dass unsere eigenen Überzeugungen bloß anerzogen und deshalb von begrenzter Gültigkeit sind.

Das verdeutlicht auf geradezu aberwitzige Weise der rasche Bedeutungswandel, den die Schildkröte aus den kamerunischen Wäldern von Mbangui Chari erfährt. Der Filmemacher Samuel Loe, der in seinem preisgekrönten Film *Hexerei – Hölle eines Glaubens* in diesen Wäldern den Geheimnissen der Hexerei auf der Spur ist, erzählte auf dem Ethnofilmfest im Winter 2012 davon. Während die Schildkröte in dem einen Dorf als verzauberter Hexer gefürchtet wird und sich viele magische Rituale um sie ranken, wird sie in dem Dorf auf der anderen Flussseite mit Wonne als das verspeist, was sie ist: eine leckere Amphibie. Wo den einen also angesichts einer Schildkröte das Wasser im Munde zusammenläuft, erstarren die anderen vor Schreck und Panik.

Die Schildkröte symbolisiert jeweils vollkommen konträre kulturelle Werte und es ist schwierig, diese als Außenstehender zu verstehen. Wenn wir die Menschen, die davon überzeugt sind, in der Schildkröte hause ein verzauberter Hexer, vom Gegenteil überzeugen wollen, dann niemals, indem wir ihnen unser zoologisches Wissen um die Ohren knallen. Oder gar behaupten, die Schildkrötenphobie passe in den schizophrenen Formenkreis. Würden wir so vorgehen, dann wäre es nicht verwunderlich, wenn die Schildkrötenphobiker stummen oder lautstarken Widerstand leisten, weil wir sie nicht ernst nehmen und ihnen zuhören, was sie über die Schildkröte zu erzählen haben, sondern als Projektionsfläche für eigene Thesen und Diagnosen benutzen.

Hören wir also auf, kulturell fremde Menschen zu verteufeln oder hochzuloben. Sie als Idealpartner zu beschwären men oder ihr Anderssein aus Unkenntnis heraus zu pathologisieren. Sie wegen ihrer politischen Situation auszunutzen durch paternalistische Bevormundung, indem man ihr Leben als „Flüchtling" durchorganisiert und sie vor der Gesellschaft wegsperrt. Hören wir auch auf, sie des eigenen Wohlstandes wegen als leicht ausbeutbare Ressourcenbesitzer zu berauben. Und wenn wir es schon tun, dann sollten wir wenigstens dazu stehen, dass die westafrikanischen Bürgerkriege auch etwas mit unserer Gier nach den dortigen Rohstoffen zu tun haben.

Um eine fremde Kultur oder einfach nur Anderskulturelle wirklich kennenzulernen, zu erkennen, was sie wirklich brauchen, wenn sie uns als „hilfsbedürftiger Migrant" oder anderskultureller Geschäftspartner begegnet, ist die emische Perspektive das A und O.
Mit emisch ist die Perspektive des Anderen gemeint. Sie öffnet nicht nur das Tor zum Wesen des Anderen, sondern ist in Maßen auch eine gesellschaftliche Innenansicht, die wertvolle Informationen enthüllt, die sonst verborgen bleiben würden. In Maßen meint, dass kein Individuum jemals für seine Gesamtkultur stehen kann, sondern nur für sich. Sich für diese Erkenntnis zu öffnen, wäre schon der erste Schritt zum kulturell Fremden hin. Sein eigenes kulturelles Wertesystem zu hinterfragen, der zweite.
Schließlich kann es nur dann einen Fortschritt in der Akzeptanz und Toleranz gegenüber anderskulturellen Menschen geben, wenn wir erkennen, wie relativ der Wahrheitsgehalt unserer eigenen Vorstellungen ist. Was wir als Wahrheit empfinden, ist immer nur eine zeitlich und örtlich begrenzte Wahrheit. Unreflektierte „Deutschtümelei" zeugt nicht von Selbstbewusstsein oder starker

Identität, sie ist einfach nur auf vorgestrige Weise kolonial.

Wenn wir uns dessen bewusst sind, dann erst ist die emische Perspektive möglich. Sie ist aber so dringend notwendig, damit unsere interkulturellen Kontakte in Zukunft glücken.

Anmerkungen:

[1] Hobbes 1651 (=2006): 113-116.
[2] Fink-Eitel 1994: 5; 167-168.
[3] Sarrazin 2010: 326 (2. Auflage).
[4] Lahontan 1703 (=1981).
[5] Rousseau 1755 (=1981): 108f.; 409, 417.
[6] Hofmann 1998.
[7] Rorty 1981: 343.
[8] Streck 1995: 1-10.
[9] Hobhouse et al. 1999: 795.
[10] Feil 1985: 67f., Hanser 1985: 126, 165ff., Helbling 2006: 124, Keeley 1996: 88-93, Meggitt 1977: 73f.,
[11] Otterbein 1999: 797.
[12] Malinowski 1920: 11.
[13] Keeley 1996: 170.
[14] Keitsch 1966: 205-206.
[15] Leahy 1994: 98.
[16] Künsting 1991: 30.
[17] Leahy 1994: 104.
[18] Leahy 1994: 29.
[19] Leahy 1994: 148.
[20] Leahy 1994: 145.
[21] Leahy 1994: 121.
[22] Connolly und Anderson 1984: Ronin Films.
[23] Leahy 1994: 131.
[24] Leahy 1994: 137.
[25] Leahy 1994: 136.
[26] Leahy 1994: 115, 138, 139.
[27] Leahy 1994: 143.
[28] Leahy 1994: 133.
[29] Aus der Augustausgabe der Pacific Island Monthly, zitiert nach Pilhofer 1961: 240.
[30] Leahy 1994: 98-99.
[31] Leahy 1994: 134.
[32] Leahy 1994: 104.

[33] Dürbeck 2007: 29f., 40f.
[34] Connolly und Anderson 1984.
[35] Urs Bitterli, Professor für Neuere Geschichte, beschreibt dies 1976 sehr umfangreich in seinem Standardwerk über überseeische Kulturkontakte. Siehe z. B. 1976=2004: 86.
[36] Leahy 1994: 97.
[37] Siehe: Dokufilm *First Contact* von Bob Collony und Robin Anderson.
[38] Leahy 1994: 131.
[39] Leahy 1994: 142.
[40] Siehe Strathern 1971: 4.
[41] Leahy 1994: 126.
[42] Leahy 1994: 102.
[43] Fabian 1993: 338.
[44] Siehe Fischer 2003: 92f.
[45] Tischner 1934: 232ff.
[46] Pilhofer 1961, I: 86, und II: 243.
[47] Pilhofer in Fischer 2003: 248, Vicedom 1943, II: 473.
[48] Vicedom 1975: 133f.
[49] Vicedom I: 50, 145-148, 243.
[50] Vicedom II: 150ff., I: 36 (Körper, Hervorh. im Original), I: 74 (Schaulustige).
[51] Vicedom II: 160. Seine Augenzeugenschaft erwähnt er oftmals, z. B. II: 151, II: 68, II: 173.
[52] Vicedom.II: 151,II: 164, II: 111.
[53] Ders. II: 162 (Verwüstung von Dörfern), II: 164f. (Feindverstümmelung und Schonung).
[54] Vicedom 1934-48, I: 28.
[55] Vicedom 1934-48, II: 145.
[56] Thornton beispielsweise 1993: 253.
[57] Vicedom 1934-48, II: 107.
[58] Vicedom 1934-48, I: 101.
[59] Heintze 1999: 93.
[60] Vicedom II: 473.
[61] Vicedom I: 154.
[62] Vicedom 1934-48, I: 27.
[63] Vicedom II: 105.
[64] Vicedom I: 23ff., 240.
[65] Vicedom I: 22.

[66] Vicedom II: 23.
[67] Vicedom I: 5 (Missionierung), I: 47 (Geruch, Dämonenglaube), II: 257 (Erziehung), II: 301 (Denken), I: 69-72.
[68] Vicedom II: 115f.
[69] Vicedom II: 132.
[70] Vgl. Knauf 1999: 89, 107.
[71] Dürbeck 2007: 28ff.
[72] Thorton 1993: 250.
[73] Bourdieu 1993: 162.
[74] Meggitt 1977: 12f., 178.
[75] Megitt 1977: 65ff.
[76] Megitt 1977: 18.
[77] Megitt 1977: 190ff. Die drakonischen Strafen erwähnt er auf Seite 65.
[78] Megitt 1977: 1.
[79] Wiessner und Tamu 1998: 148f.
[80] Helbling 2006: 226f.
[81] Knauft 1999: 89, 93.
[82] Bazzi 1994: 14f.
[83] Die Quellen in Conan stammen bevorzugt aus Ethnografien außereuropäischer Gesellschaften aus vorkolonialer Zeit und sind für jeden frei verfügbar im Internet unter: http://www.uni-koeln.de/philfak/voelkerkunde/conan.htm (siehe Leineweber 1999:8 und 83).
[84] Leinweber 1999: 11, 63.
[85] Dentan 1968: 5, 106.
[86] Dentan 1968: 106.
[87] Dentan 1986: 105.
[88] Dentan 1968: 6f.
[89] Ich möchte hier das Inhaltsverzeichnis wiedergeben, um aufzuzeigen, wie Dentan auf begrenztem Raum (135 Seiten!) versucht, seiner Kulturpräsentation den Nimbus von Vollständigkeit zu verleihen: Kapitel 1 (8-13): The People and their Country: Population, Race, Health; Kapitel 2 (13-25): Land, Weather and ⬚rlaid (Semai-Konzept für Klima);Kapitel 3 (25-40): Animals and Panali (Semai-Konzept für einheimische Zoologie). In diesem Kapitel behandelt er sowohl die Haustierhaltung als auch die Fischerei, die Jagd, das Fallenstellen; Kapitel 4 (40-47): Plants and Agriculture; Kapitel 5 (48-55): Economics and Daily Life; Kapitel 6 (55-64): The Nonviolent Image and Punan; Kapitel 7 (65-70): The Problem of Authority; Kapitel 8 (71-

81): Kinship and Territorial Group; Kapitel 9 (82-95): Desease, Death and Medicine; Kapitel 10 (96-101): Dangerous Situations: Pregnancy, Childbirth, and Menstruation; Kapitel 11 (102-104) Present and Future; Kapitel 12 (105-131): Living and Working with the Semai; Kapitel 13 (132-135): Aftertoughs.

[90] Dentan 1968: 60-69.
[91] Dentan 1968: 61.
[92] Dentan 1968: 62.
[93] Robarchek und Dentan 198: 354.
[94] Dentan 1968: 58-59.
[95] Lorenz 1963: 341.
[96] Vgl. Helbling 2006: 151.
[97] Chagnon 1990: 51. Umstritten ist Chagnon, nachdem bekannt wurde, dass er zwecks medizinischer Forschungen Yanomami zum Blutspenden bewegte, ohne sie über Risiken und Intention der medizinischen Untersuchung aufzuklären oder sie ausreichend für ihre Spenden zu bezahlen.
[98] Eibl-Eibesfeld 1979: 114.
[99] Vgl. Robarchek und Dentan 1987: 358.
[100] Dentan und Robarchek 1987: 361.
[101] Robarchek 1977: 775f.
[102] Howell und Willis 1989: 1-44.
[103] Siehe Helbling 2006: 314.
[104] Helbling 2006: 199.
[105] Christian Postert 2002: 105-129.
[106] Christian Postert 2002: 105-129.
[107] Projektbericht Soziale Arbeit Seite 4.
[108] Seinen richtigen Namen habe ich nicht erfahren.

Literatur:

Bazzi, Danielle
Das Schweinetauschsystem tee der Enga im westlichen Hochland von Papua-Neuguinea. Europäische Hochschulschriften (19), Band 38, Frankfurt a. M. (1994): Peter Lang.

Bitterli, Urs
Die Wilden und die Zivilisierten. Grundzüge einer Geistes- und Kulturgeschichte der europäisch-überseeischen Begegnung. München (2004): C. H. Beck (3. Auflage 1976).

Bourdieu, Pierre
Narzißtische Reflexivität und wissenschaftliche Reflexivität, in: Berg und Fuchs (Hrsg.): Kultur, soziale Praxis, Text. Die Krise der ethnographischen Repräsentation. Frankfurt a. M. (1993): Suhrkamp 365-374.

Bräunlein, Peter und Andrea Lauser
Auf dem Weg zu einer Ethnologie des Krieges und des Friedens: Hindernisse, Annäherungen, in: Peter J. Bräunlein und Andrea Lauser (Hrsg.): Krieg & Frieden. Ethnologische Perspektiven. Kea Zeitschrift für Kulturwissenschaften. Sonderband 2 (1995). Einleitung.

Chagnon, Napoleon
Yanomamö: The Fierce People. New York (1968): Holt, Rinehart and Winston.

Clastres, Pierre
Staatsfeinde. Studien zur politischen Anthropologie. Frankfurt a. M. (1976): Suhrkamp (franz. Original 1974).

Connolly Bob und Anderson Robin
First Contact. Canberra (1984): A.C.T.: Ronin Films
http://www.flickr.com/photos/der/sets/72157601573390701/

Connolly Bob und Anderson Robin

First Contact. New Guinea's Highlanders encounter the outside world. New York (1987): Viking Penguin.

Dammann, Rüdiger
Die Entdeckung des inneren und des äußeren Auslandes, in: Bräunlein Peter und Andrea Lauser (Hrsg.): Writing Culture. Kea Zeitschrift für Kulturwissenschaften, Band 4. (1992), S. 21-38.

Dentan, Robert Knox
The Semai. A Nonviolent People of Malaya. Fieldwork Edition. New York (1968): Holt, Rinehart and Winston.
Ders.
Notes on childhood in a non-violent context, in: Montagu, Ashley (Hrsg.): Learning non-Aggression. The Experience of Non-Literate Societies. New York (1978): Oxford University Press. S. 94-143.
Ders.
The rise, maintenance and destruction of peaceable polity, in: Silverberg, James und Patrick Gray (Hrsg.): To Fight or not to Fight: Violence and Peacefulness in Humans and other Primates. New York (1992): Oxford University Press. S. 229.
Ders.
Bad Day at Bukit Pekan, in: American Anthropologist 97 (2:1995), S. 225-250.
Ders.
Cautious, Alert, Polite, and Elusive: The Semai of Central Peninsular Malaysia, in: Keeping the Peace. Conflict Resolution and Peaceful Societies Around the World. Graham Kemp and Douglas P. Fry (Hrsg.), New York und London (2004): Routledge, 167-184.

Dentan Robert und Clayton Robarchek
Blood drunkenness and tue bloodthirsty Semai: unmaking another anthropological myth. American Anthropologists 89 (1987), S. 356-365.

Douglas E. Jones
Nachwort in: Exploration into Highland New Guinea 1930-1935. Bathurst (1994): Crawford House Press. S. 245-250.

Dürbeck, Gabriele

Stereotype Paradiese. Ozeanismus in der deutschen Südseeliteratur 1815-1914. Tübingen (2007): Max Niemeyer Verlag.

Eibl-Eibesfeldt, Iräneus
The Biology of Peace and War. New York (1978): Viking Press.

Elwert, Georg
Fragmente zu einer Konflikttheorie, in: Sociologus 55 (2005), S. 9-37.

Fabian, Johannes
Präsenz und Repräsentation. Die Anderen und das anthropologische Schreiben, in: Berg und Fuchs (Hrsg.): Kultur, soziale Praxis, Text. Die Krise der ethnographischen Repräsentation. Frankfurt a. M. (1993): Suhrkamp. S. 335-364.

Ferguson, Brian
Introduction. Studying War, in: Ferguson Brian R. (Hrsg.): Warfare, Culture and Environment. Orlando (1984): Academic Press. S. 1-78.
Ders.
Explaining War, in: J. Haas (Hrsg.): The Anthropology of War. Cambrigde (1990): Cambridge University Press. S. 26-55.

Fink-Eitel Hinrich
Die Philosophie und die Wilden. Über die Bedeutung des Fremden für die europäische Geistesgeschichte. Hamburg (1994): Junius Verlag GmbH.

Fischer, Hans
Randfiguren der Ethnologie. Gelehrte und Amateure, Schwindler und Phantasten. Kulturanalysen Band 5. Berlin (2003): Dietrich Reimer. S. 91-113.

Fludernik, Monika, Peter Haslinger und Stefan Kaufmann (Hrsg.)
Der Alteritätsdiskurs des Edlen Wilden. Exotismus, Anthropologie und Zivilisationskritik am Beispiel eines europäischen Topos (Identitäten und Alteritäten, Bd. 10). Würzburg (2002): Ergon.

Hallpike, Christopher

Functional interpretations of primitive warfare, in: Man 8, (3:1973), S. 451-470.

Heintze, Beatrice
Ethnographische Aneignung. Deutsche Forschungsreisende in Angola. 19. und Anfang 20. Jahrhundert. Berlin (1999): Dietrich Reimers.

Helbling, Jürg
Weshalb bekriegen sich die Yanomami? Versuch einer spieltheoretischen Erklärung, in: Bräunlein Peter J. und Andrea Lauser (Hrsg.): Krieg und Frieden. Ethnologische Perspektiven. Kea Zeitschrift für Kulturwissenschaften. Sonderband 2 (1995), S. 195-223.

Ders.
Tribale Kriege. Konflikte in Gesellschaften ohne Zentralgewalt. Frankfurt/New York (2006): Campus Verlag.

Hobbes, Thomas
Leviathan. Aus dem Englischen von Jacob Peter Mayer. München (2006): finanzbuchverlag, (franz. Original 1642).

Hofmann, Corinne
Die weiße Massai. München (1998): A 1 Verlag.

Howell Signe und Roy Willis (Hrsg.)
Introduction. Societies at peace. Anthroplogical Perspectives. London (1989): Routledge. S. 1-28.

Keeley Lawrence
War before Zivilisation. Oxford (1996): Oxford University Press.

Kemp, Graham und Douglas P. Fry (Hrag.)
Keeping the Peace. Conflict Resolution and Peaceful Societies Around the World. War and Society (8). New York und London (2004): Routledge.

Keitsch, Frank
Formen der Kriegsführung in Melanesien. Bamberg (Diss.:1966).

Knauft, Bruce M.

Warfare and history in Melanesia, in: From primitive to postcolonial in Melanesia and anthropology. Ann Arbor (1999): The University of Michigan Press, 89-156.

Koch, Klaus-Friedrich
War and peace in Jalémó. The Management of Konflikt in Highland New Guinea. Cambridge, Massachusetts (1974): Harvard University Press.

Kohl, Karl-Heinz
Entzauberter Blick. Das Bild vom Guten Wilden und die Erfahrung der Zivilisation. Berlin (1981): Medusa.
Ders.
Geordnete Erfahrung, in: Schmied-Kowarzik, Wolfdietrich und Justin Stagl (Hrsg.): Grundfragen der Ethnologie. Beiträge zur gegenwärtigen Theoriediskussion. Berlin (1993): Dietrich Reimers. S. 497-520.

Künsting, Sabine
„Wir glaubten, unsere eigenen Mokai Geister kehrten zurück". First Contact im Hochland von Neu Guinea, in: kea. Zeitschrift für Kulturwissenschaften, Band 2 (1991), S. 29-36.

Lahontan, Louis-Armand Baron de,
Gespräche mit einem Wilden. Frankfurt a. M., Paris (1981): Qumran, (französisches Original 1703).

Leahy, Michael J.
The Central Highlands of New Guinea, in: The Geographical Journal, Vol LXXXVII, No 3 (1936), S. 229-262.
Ders.
Exploration into Highland New Guinea 1930-1935. Bathurst (1994): Crawford House Press.

Leineweber, Götz
Physische Gewalt: Analyse einzelkultureller Handhabungen. Interethnische Beziehungen und Kulturwandel, 35. Hamburg (1999): Lit-Verlag.

Liedloff, Jean

Auf der Suche nach dem verlorenen Glück: Gegen die Zerstörung unserer Glücksfähigkeit in der frühen Kindheit. München (2009) : C. H. Beck Verlag, (amerikanisches Original 1975).

Lorenz, Konrad
Das sogenannte Böse. Zur Naturgeschichte der Aggression. Wien (1963): Borotha Schoeler. S.

Malinowski, Bronislaw
War and weapons among the natives of the Trobriand Islands, in: Man 20 (1:1920), S. 10-20.

Markus, George E. und Dick Cushman
Ethnographies as Texts, in: Annual Review of Anthropology 11 (1982), S. 25-69.

Meggitt, Mervyn
Blood is their Argument: Warfare among the Mae Enga Tribesmen of the New Guinea Highland. Palo Alto (1977): Mayfield Publishing Company.

Montagu, Ashley
Introduction in: Learning Non-Aggression. The Experience of Non-Literate Societies. Ashley Montagu (Hrsg.). NewYork (1978): Oxford University Press 3-11.

Otterbein, Keith F.
A History of Warfare in Anthropology. In: American Anthropologist 101 (4:1999), S. 798-805.

Petermann, Werner
Was es auf sich hat. Bedingungen der Welt und des Menschen, in: Annette Hornbacher (Hrsg.): Ethik, Ethos, Ethnos. Aspekte und Probleme interkultureller Ethik. Bielefeld (2006): transcript. S. 127-166.

Pilhofer, D. Georg
Die Geschichte der Neuendettelsauer Mission in Neuguinea. Band I. und II. Neuendettelsau (1961): Freimund-Verlag.

Postert, Christian
„Krankheit" oder „Wilde Geister"? Tödliche Träume bei den Hmong in medizinischer und ethnologischer Deutung. In: Zur Akzeptanz von Magie, Religion und Wissenschaft. Fiedermutz-Laun, A. et al., Hamburg (2002):Lit-Verlag.

Projektbericht Fachbereich Soziale Arbeit.
Interkulturelle Kompetenz in der Sozialen Arbeit. Unterstützungsmöglichkeiten für Familien mit Kleinstkindern. FH Esslingen (2005) – Hochschule für Sozialwesen.

Rabinow, Paul
Repräsentationen sind soziale Tatsachen. Moderne und Postmoderne in der Anthropologie, in: Berg und Fuchs (Hrsg.): Kultur, soziale Praxis, Text. Die Krise der ethnographischen Repräsentation. Frankfurt a. M. (1993): Suhrkamp. S. 158-199.

Robarchek , Clayton
Frustration, Aggression and the nonviolent Semai, in: American Ethnologist 4/4 (1977), S. 762-779.

Robarchek, Clayton
Hobbesian and Rousseaun Images of man. Autonomy and Individualism in a Peaceful Society, in: Howell, Signe und Roy Willis (Hrsg.): Societies on Peace. London (1989): Routledge. S. 31-44.

Robarchek, Clayton
Ghosts and Witches: The Psychocultural Dynamics of Semai Peacefulness, in: Sponsel Leslie und Thomas Gregor (Hrsg.). The Anthropology of Peace and Nonviolence. Boulder, CO (1994): Lynne Rienner Publishers. S. 183-196.

Robarcheck, Clayton und Robert Knox Dentan
Blood Drunkenness and the Bloodthirsty Semai: Unmaking Another Anthropological Myth, in: American Anthropologist 89 (1987), S. 356-365.

Rousseau, Jean-Jacques

Abhandlung über den Ursprung und die Grundlagen der Ungleichheit unter den Menschen. In: Rousseau Jean-Jacques. Sozialphilosophische und politische Schriften (37-161). Zürich (1981): Artemis & Winkler, (franz. Original 1755).

Sarrazin, Thilo
Deutschland schafft sich ab: Wie wir unser Land aufs Spiel setzen. München (2010):Deutsche-Verlags-Anstalt.

Schieffelin, Edward L. und Robert Crittenden
Introduction, in: Like People You see in a Dream: First Contact in Six Papuan Societies. Stanford (1999): Stanford University Press.

Spengler, Oswald
Der Untergang des Abendlandes. Umrisse einer Morphologie der Weltgeschichte. München (1998):Beck, (Original 1922).

Streck, Bernhard
Krieg, in: Streck Bernhard (Hrsg): Wörterbuch der Ethnologie. Köln (1987): DuMont. S. 117-120.
Ders.
Ethnologie in den Kriegen des 20. Jahrhunderts. Einige ausgewählte Beispiele, in: Bräunlein Peter J. und Andrea Lauser. Krieg und Frieden. Kea Zeitschrift für Kulturwissenschaften. Sonderband 2 (1995), S. 1-10.

Thornton, Robert J.
Die Rhetorik des ethnographischen Realismus, in: Berg und Fuchs (Hrsg.): Kultur, soziale Praxis, Text. Die Krise der ethnographischen Repräsentation. Frankfurt a. M. (1993): Suhrkamp. S. 240-268.

Tischner, Herbert
Die Verbreitung der Hausformen in Ozeanien. Leipzig (1934): Verlag der Werkgemeinschaft.

Todorov, Tzvetan
Die Eroberung Amerikas. Das Problem des Anderen. Frankfurt a. M. (1985): Suhrkamp, (Original 1982).

Turney-High, Harry Holbert
Primitive War. Its practice and concepts. Columbia (1971): University of South Carolina Press, (Original 1949).

Vicedom, Georg F. und Herbert Tischner
Die Mbowamb. Die Kultur der Hagenberg-Stämme im östlichen Zentral-Neuguinea. Monographien zur Völkerkunde. Herausgegeben vom Hamburgischen Museum für Völkerkunde. Band I. Hamburg (1943-1948): Cram, De Gruyter & Co.

Vicedom, Georg F. und Herbert Tischner
Die Mbowamb. Die Kultur der Hagenberg-Stämme im östlichen Zentral-Neuguinea. Monographien zur Völkerkunde. Herausgegeben vom Hamburgischen Museum für Völkerkunde. Band II. Hamburg (1943): Friederichsen, De Gruyter & Co. G.M.B.H.

Vicedom, Georg F.
Actio Dei. Mission und Reich Gottes. München (1975): Chr. Kaiser Verlag.

Wilson Edward A.
On human nature. Cambridge (1978): Harvard Univerity Press.

Cover: Motiv des New Yorker Künstlers Jean-Michel Basquiat (1960-1988).